HABITS OF THE TOP 5%
OF LEADERS ACCORDING TO AI

AI分析でわかった

トップ5%リーダーの習慣

越川慎司

SHINJI KOSHIKAWA

Discover

はじめに

ドラッカーは著書『プロフェッショナルの条件』（上田惇生 編訳、ダイヤモンド社）で、「リーダーシップとは、組織のミッションを考え抜き、確立することである」と記しています。

また、リーダーシップは組織でチームをけん引する管理職のためのものと考えている人も少なくないようですが、そうではありません。リーダーシップとは、全員が持つべき「マインドセット」と「実行力」です。

言われたことだけやる人は、実直で組織に求められやすいかもしれません。

しかし、世界の変化が激しくなり、〝正解の行動〟がわからない時代では「言われたことだけやる人」はむしろ厄介です。

労働時間の上限が規制され、出勤することすら制限されても、成果を出し続けないといけません。自らアンテナを高く張って、自分から動いていかないとむしろ劣化してしまいます。

どうやったら外部の変化を取り込み、しなやかに生き抜くことができるのか。

この問い、つまりコロナ禍での「生き方」と「働く意義」について、81％のビジネスパーソンが考えています（2020年12月、対象2・8万人、弊社クロスリバー調べ）。

「出勤＝働くこと」ではないことがわかり、「仕事をする＝価値を発揮すること」を意識するようになりました。しかし、意識が変わるだけでは変化に対応できません。

リーダーとマネージャーを一緒くたにして、「管理職」とされることがありますが、それは違います。

そもそも、私はマネージャーという言葉が好きではありません。たしかにメンバーの労働時間や健康、モチベーションを管理（マネージメント）する必要はあります。ただ、どうしても過去を管理する人というイメージが払しょくできないのです。

私は未来に興味があります。

これからどんな世界になるのだろうとか、私たちはこれからどんなふうによりよく働くことができるのだろうとよく内省しながら、組織で経営陣と現場の中間に位置する管理職は、未来志向になるべきと考えています。

過去を管理するマネージャーより、明るい未来へ導くリーダーに

これまで８００社以上、のべ17万人の働き方改革を支援してきた中で、

「まさにこういう人がリーダーだ！」

「この人の元で働いてみたい！」

と思う人に会ってきました。


そういったリーダーたちは、意識が社外に向いています。

社内の閉ざされた環境にこもるのではなく、アンテナを高く張り社会全体を俯瞰的にみて、まず行動する習慣を持っています。精度70％ぐらいまでの情報収集を行い、すぐに行動に起こしていました。

社内で変人と言われるくらいに、周囲と違った行動をすることもあります。

わざとゆっくり歩いたり、変わった相づちを打ったり、暇そうな演技をしたり。そのため、社内では「あの人は変人（笑）」と言われることもしばしば。


しかし、最も変わっているのは、性格や言動ではなく成果です。

「突出した成果を出す人」を超えて、「突出した成果を出し続ける組織を作る人」です。

優れたリーダーは、個人ではなく、チームで複雑な課題をどんどん解決していきます。エース人材が突然チームを離れることがあってもチーム力が下がらず、何よりもメンバーが常に働きがいをもって働いているのです。

私は働き方改革で目ざすべきゴールは「会社の成長と社員の幸せの両立」だと信じていますので、こういったリーダーはこれからの時代にうってつけなのです。


おかげさまで2020年に刊行した『AI分析でわかった トップ5%社員の習慣』（ディスカヴァー・トゥエンティワン）は予想以上の売れ行きとなり、海外展開も決まりました。

ただ、この書籍はコロナ禍前の調査に基づいたものでした。

私が代表を務めるクロスリバーは、その後も調査・分析を継続しています。コロナ禍では対面での調査が制限されましたが、テレワークやオンライン会議など、行動履歴をデジタルで収集しやすくなり、大量のデータが貯まっていきました。

クロスリバーは、調査・コンサルティングだけでなく、社員向けのオンライン研修も提供しています。2020年から2021年で最もリクエストをいただいたのが管理職向け、そして若手社員向けのリーダーシップ研修でした。

テレワークでも人間関係を良好に保ちながら、離れ離れのメンバーを巻き込んで仕事を進めることに難しさを感じているビジネスパーソンがあふれているのです。


そこで、思い立ったのが本書の企画です。

未来へ導くリーダーの実像、ＷｉｔｈコロナでもＢｅｆｏｒｅコロナ以上に成果を出し続けている人の行動を分析し、１冊の本にまとめて届けたいと思いました。チャットでディスカヴァー編集部に打診し、すぐに出版が決まりました。


変化の激しい時代を生き抜くには、行動の選択肢を増やすことが必要です。

雨が降ったらいつもの自転車ではなくバスで移動し、メタボが気になったら糖質制限の食事を摂る。

このように、「新型コロナウイルスが蔓延したらテレワーク」という新たな行動を試すことで事業を継続できます。

こういった行動の選択肢を増やすには、行動実験を積み重ねて自分のものにするしかありません。小さな行動実験を重ねて「あ、意外とよかった」を生み出すことで、行動変容が実現でき、結果的に意識が変わります。

ただ、この混沌とした世の中で、行動実験に時間を費やせないビジネスパーソンも多いでしょう。定年退職が見えていて働き方改革に抵抗している上司の対応に苦労しているビジネスパーソンも多くいます。

そこで、各社の人事評価トップ5％リーダーの言動を真似して、同じように突出した成果を出してもらいたいのです。

今回も前作同様、大量のデータを4社のAIサービスを使って分析していきますが、ただし、本書は研究論文ではありません。

悩めるビジネスパーソンのショートカット本です。

忙しくてもラクして行動と成果を変えられるように、再現性の高い仕事術をまとめました。同じ実験と分析をするには1400時間以上かかりますが、何時間かの読書で、それと同じ知見を得ることができます。

ただし、本書の目的は「知ること」ではなく「できるようになること」です。

でも、最初から全部を実践しようと思わないでください。
なぜなら、人間の本能は未体験を拒みます。未体験は心地よくないのです。
ですから、未知の体験に心を開き、恐れずにちょっとだけ触れてみるのがいいのです。

読み終えたら、どれかをちょっとだけやってみましょう。

「意外とよかった」

という偶然の出会いを必然にすることが、本書の存在意義だと思っています。
一人でも多くの方が救われ、変化を楽しむ方が増えることを強く願っています。

越川慎司《こしかわしんじ》

AI分析でわかったトップ5%リーダーの習慣

目次

序章
「トップ5%リーダー」はどのようにして導き出されたのか？

第1章
AIが突き止めた！ トップ5%リーダーの意外な特徴

第2章 よかれと思ってやってしまう「95％リーダー」の行動習慣

第3章

トップ5％リーダーが実践する「8つの行動ルール」

第4章

トップ5%リーダーの「自分磨き」

第5章

トップ5%リーダーのチームを活性化する7つのアクション

第6章

トップ5%リーダーの行動を浸透させる

序章

「トップ5%リーダー」はどのようにして導き出されたのか？

そもそもなぜトップ5％なのか？

トップ5％リーダーは常に最高評価を受け、社外からも認められている

私は約20年前に大手通信会社の人事部に配属されてから、人や働き方に関心を持ち、深く掘り下げてきました。

この20年を振り返っても、働き方改革関連法案やコロナ禍でのテレワーク対応など、今ほど人材対応で経営陣が期待され、また人事領域が変わるタイミングはありませんでした。

多くの会社の評価査定はＳ・Ａ・Ｂ・Ｃ・Ｄなどの5段階評価で、上位10％くらいの人が最上位評価Ｓを得ています。

そして、トップ評価の中でも突出した成果を残している、いわゆる「ＳＳ級」の人がいます。

SS級の人とは、1年だけ突出した成果を上げているのではなく、**突出した成果を出し続けている人**です。**売上目標を3年連続で120%達成**していたり、**社内異動をしても全く評価を落とすことなく高いパフォーマンスを維持**できていたりする人です。

多くの企業が成果主義のジョブ型雇用にシフトする中で、人柄や上司に好かれるといった評価基準ではなく、**安定して最高評価を受け、社内外から認められる人こそが各社の人事評価トップ5%の人材**です。

テクノロジーの進化により「働く人」が見える化されてきています。

言動や成果物がデジタルデータとして蓄積され、満足度や働きがいなど、感情も数値で見られるようになりました。ITツールを使って容易に1対1の対話(1on1ミーティング)ができるようになり、360度フィードバックや、マネージャーフィードバック(部下から上司への意見)も行われるようになりました。

暗黙知だったものが可視化され、定量的に測ることができるようになると、**パターン化**することが可能となります。

例えばメールやチャット、電話やオンライン会議などのデジタルデータを蓄積し、AI

サービスと専門家で分析すれば、突出した成果を出し続ける人の共通点が見出されます。そしてそれによって、各社のトップ5％社員とそうでない人の言動の違いもわかります。トップ5％社員とトップ5％リーダーの違いも抽出できます。

このデジタルデータの蓄積と分析に注目した弊社は、これまで805社のコンサルティングを通じて、この取り組みに共鳴していただいたクライアント企業25社と、データ収集と再現実験を行いました。サンプル社員数は1万8000名です。

そのおかげで2020年9月に発刊したのが『AI分析でわかった トップ5％社員の習慣』です。

今回は、コロナ禍以降に起きた変化を踏まえて、**社員ではなく管理職（リーダー）に着目して調査**を行いました。

クライアント企業各社の「トップ5％リーダー」1841名、それ以外の管理職1715名を対象に、対面・リモートによるヒアリングやWebアンケートなどで調査を行いました。

５％リーダーは聞き上手で、変化に対して柔軟に対応できるという共通点がありました。

常に変化を感じ取っていて、それに対応しようとする姿勢を持っているのです。

では、実際にどのような分析手法を用いたのかを次項で紹介します。

ＡＩサービスと人間による分析

６ステップによる調査と分析

弊社クロスリバーでは**一般提供されているＩＴサービス、ＡＩサービスを活用し、複合的に組み合わせてさまざまな種類の解析**を行っています。

その分析手法について、図を用いながらわかりやすく説明します。

ステップ１：データ取得

まず対象となるトップ５％リーダーと、それ以外の管理職の**行動データ**を蓄積します。

・オンライン会議の録画データ

・カレンダーなどのグループウェア利用履歴
・アプリケーション利用履歴
・クラウドサービス利用履歴
・ビジネスチャットの会話履歴
・メールの送受信履歴
・作成した資料ファイル一式
・ヒアリング録音データ
・多種多様なオンラインアンケート結果
・働きがい診断結果
・過去5年間の人事評価
・社内異動履歴……等々

といったデジタルデータをクラウド上で保存しました。

ステップ2：データ変換

音声データはSpeech to Text APIによって文字起こし、データ化します。

一部、オンラインアシスタントで文字起こししたものもあります。

ステップ３：データ精査、前処理

ＡＩ分析を実行する前に、データの量や精度を確認します。またクレンジングという作業を行い、不要なデータや認識不能なデータを除外したり、誤入力や誤変換のチェックと修正をしたりします。

このステップ３は、ほぼ人間が行いました。

ステップ４：テキストマイニング

文字データ、および文字化された音声データは、テキストマイニングによって自然言語処理し、頻出語や特徴語を抽出できます。

クロス集計や相関分析、多変量解析によって５％リーダーの特徴をあらゆる角度で分析します。

相関図や２次元マップによるテキスト分析

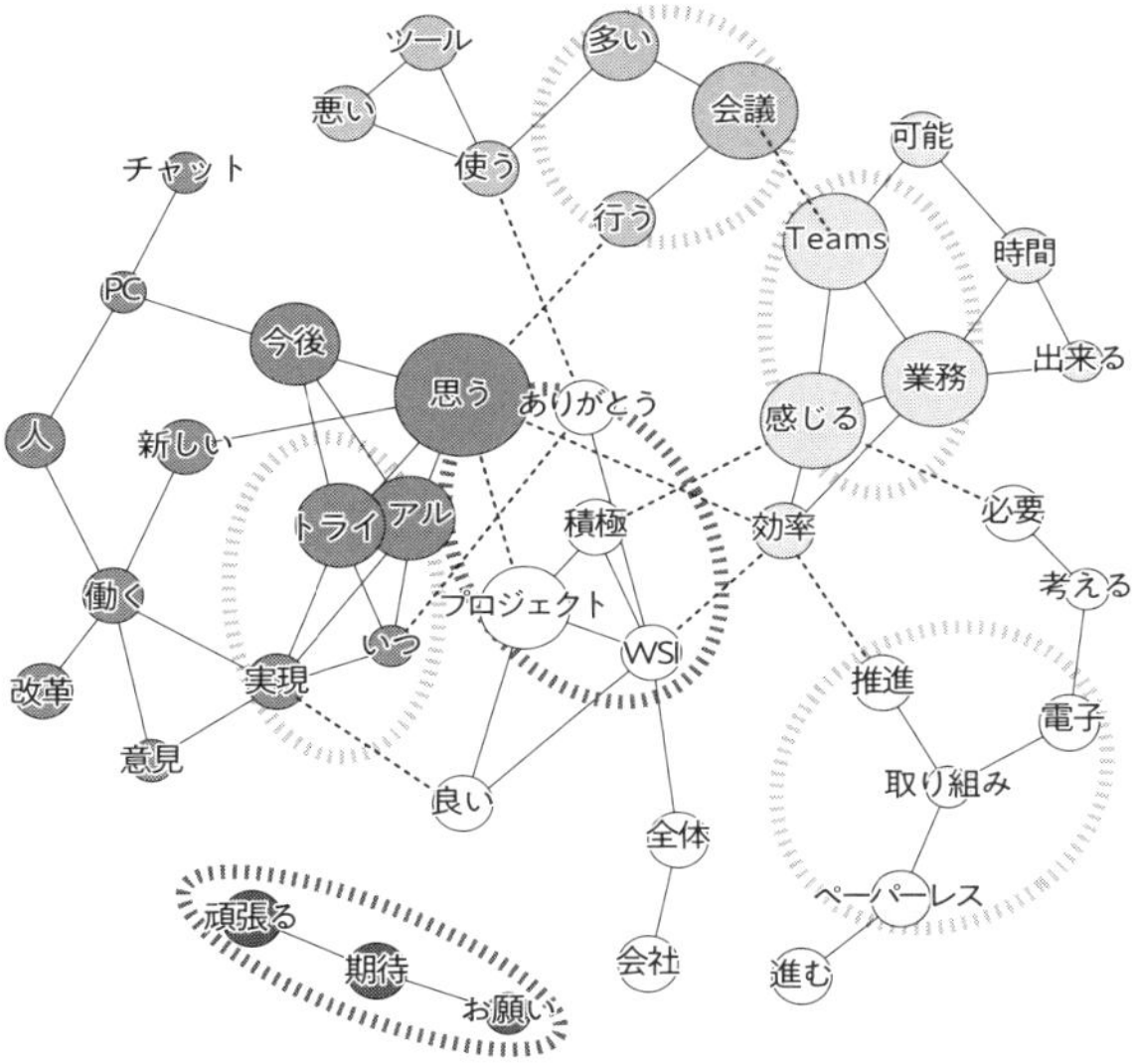

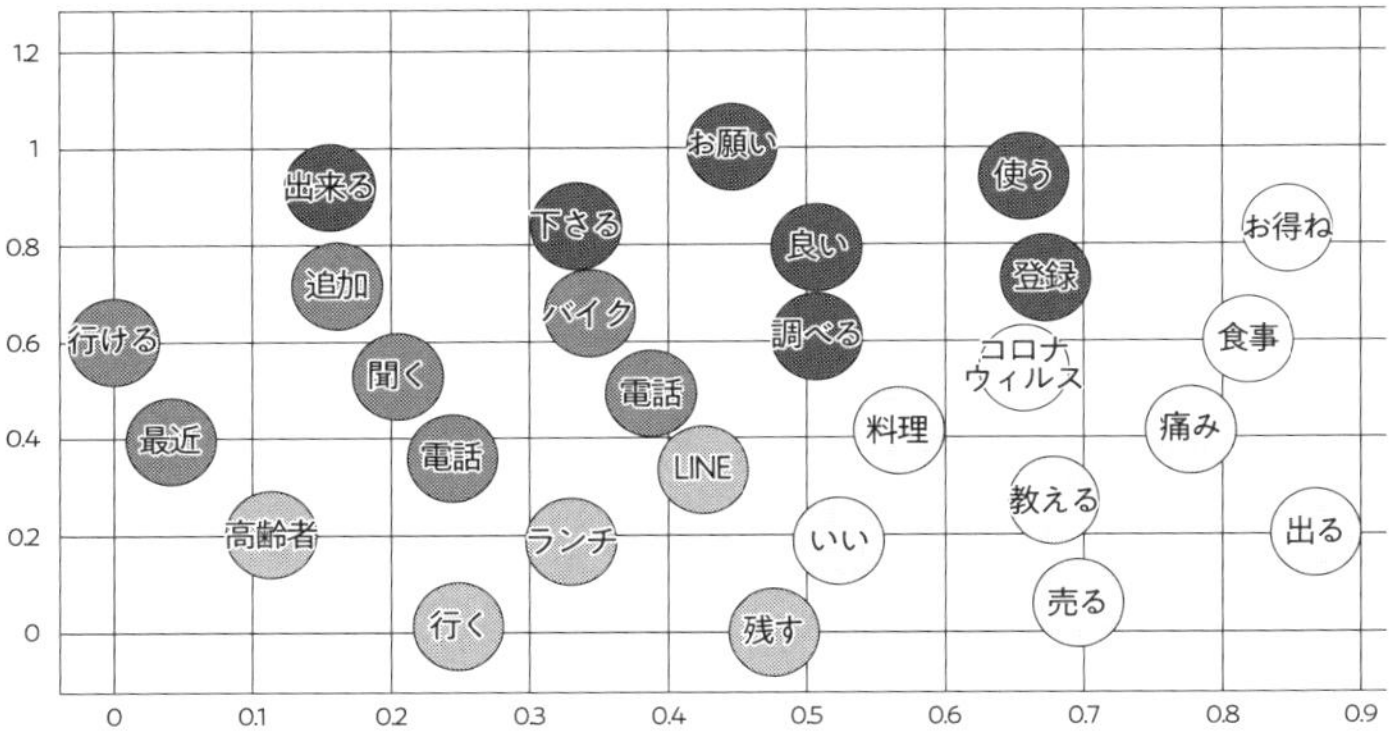

ステップ5：感情分析

ＡＩサービスのCognitive APIやEmotion APIを活用し、ヒアリングや会議の録画データを8種の感情に分類。

これを基に、ポジティブな感情の際に発言した内容、憤りを感じながら発している言葉などを確認し、テキストマイニングなどの結果と合わせて複合的に分析しました。

ステップ6：モデリング

ＡＩの機械学習を活用し、トップ5％リーダーの行動パターンやルールを発見させます（特徴量抽出）。

同時に、一般管理職（以下、一般的な管理職）や一般社員、トップ5％社員の特徴も抽出し、それぞれのモデルの差分を明確にします。

以上の方法とプロセスを経てまとめたのが、この「トップ5％リーダーの習慣」です。

感情分析アプリ（クロスリバー社製）

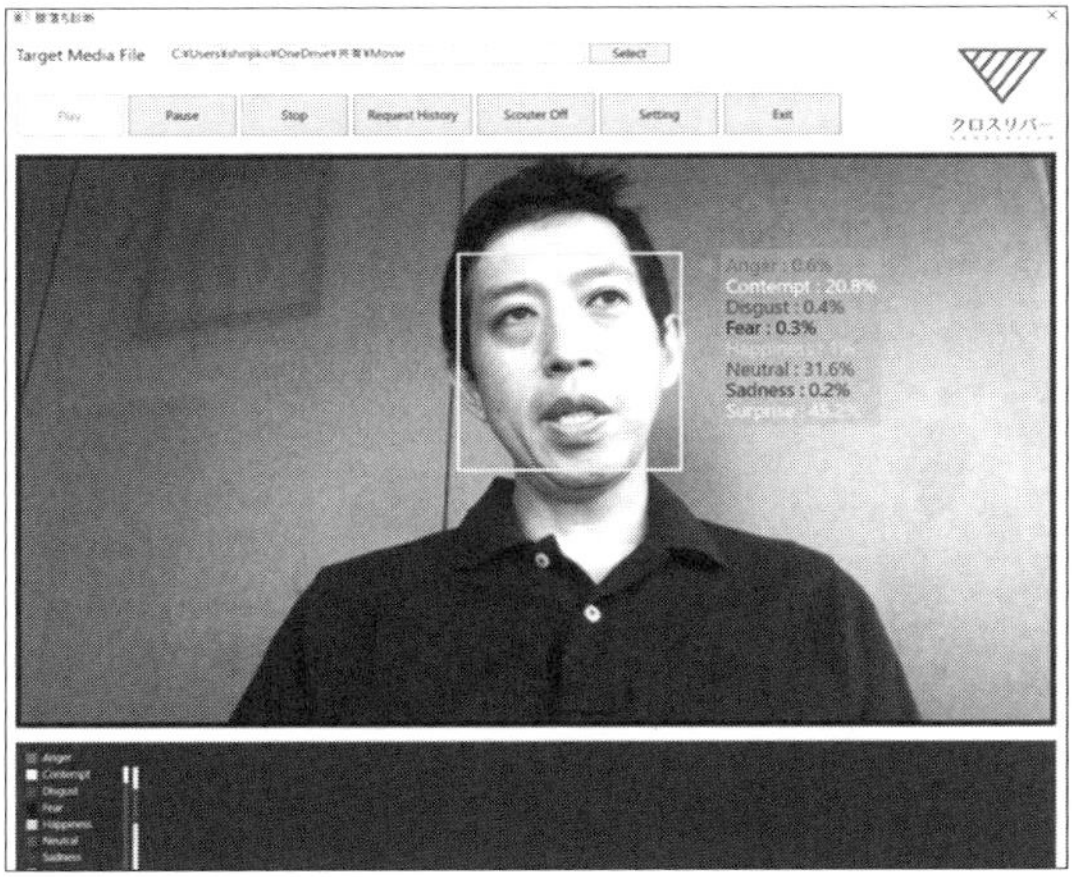

モデリングのイメージ図

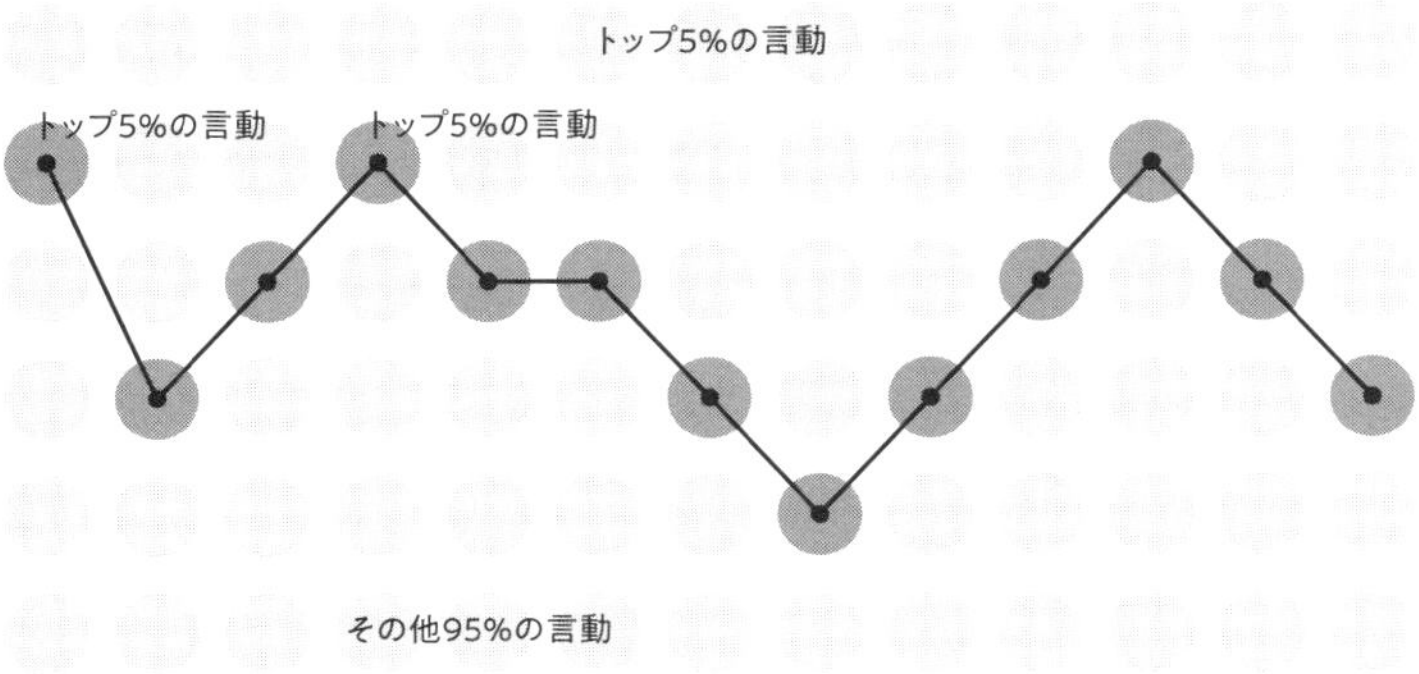

汗と涙の大規模調査

――苦悩した1400時間の行動分析

苦労や困難が「強固な関係づくり」にもつながる

2020年に発刊した『トップ5%社員の習慣』は、新型コロナウイルスがまん延する前の4年間（2016年～2020年）で実施した調査結果でした。

多くの方からご支持いただき、中には「うちの会社も調査してほしい」とリクエストいただいたクライアント企業もいたほどです。

これまでの働き方と環境とは大きく違うものの、**「大きな変化をしなやかにかわしながら、成果を出し続ける人の特徴も分析したい」**という理由で、コロナ禍でも調査を継続しました。

結果的に27社に協力をいただき、**計1400時間以上**にわたる行動履歴を取得しました。

管理職の中でトップ5%である1841名、それ以外の一般的な管理職17156名、計3556名に協力してもらいました。

トップ5%社員に対する調査のように、対面のヒアリングができない状況で、かつ緊急事態宣言やまん延防止等重点措置下で思うように身動きの取れないクライアント企業もたくさんありましたが、嬉しいことにすべての企業が積極的に調査に協力してくれました。

前回同様、誰がトップ5%であるかは公開せず、弊社クロスリバーのコンサルタント8名で調査を継続しました。

対面ヒアリングができない分、Microsoft TeamsやZoomを使ってオンラインでのヒアリングを行い、また調査対象者が参加しているオンライン会議の録画データやビジネスチャットの履歴も収集しました。

デジタルデータが取得しやすいという意味では便利だったのですが、クラウドサービスの障害で録画ができていないなどのトラブルも発生しました。

何よりも、ヒアリングに協力してくれた対象者の喜怒哀楽がわかりづらく、相手の表情や機嫌に気をつかいながら話を聞く形となりました。

またテクノロジーの進化によってむしろ疲れたケースもありました。
例えばMicrosoft Azure の Cognitive API などは、毎月のように認識精度が改善されていくため、時間のかかる調査では前半と後半で結果の出方が異なることもありました。その差分を探し出し調整するのは人間の地道な作業です。

一方、テクノロジーの進化で作業が効率化できた部分も多くあります。
ヒアリングの録音データを文字に起こすSpeech to Text APIの進化も早く、1年前は苦労した誤字・脱字を人間が発見し修正していく作業は、少なくて済むようになりました。

ただ一番苦労したのは、前作『トップ5％社員の習慣』がベストセラーになったことにより、今回の調査に興味・関心を持つ方々が増えたことです。
「分析のメカニズムを教えてほしい」といった質問や「私はトップ5％なのかどうか教えてほしい」という依頼が増え、その対応に多くの時間を費やしました。調査自体に注目が集まり、そのような対応をする時間が膨大に増えたことは予想外でした。

特に、人間による手作業は想定以上にストレスとなり、早朝に涙を流しながら期限前の作業をするエンジニアもいたほどです。

私自身も、本調査に反対する方への対応に手を焼きました。クロスリバーの競合他社から嫌がらせを受けて泣きそうになったこともありました。

しかし、さまざまな苦難を乗り越え、以前よりも多くのデータを集めることができたのは、協力してくれたクライアント企業の関係者のみなさん、そしてクロスリバーのメンバーたちのおかげです。

こうした苦労を一緒に共にして作品を残すことは、強いつながりを生み、こうした方々と一生つながりを持ちたいと思いました。

苦労や経験を共にすることで関係が深まり、そうしたメンバーたちと一緒に未来を創っていくのだな、と実感しています。

「5%社員」と「5%リーダー」の違いが明確に

コロナ禍で、目ざすべき関係も変化

Beforeコロナで調査をした「トップ5%社員」の結果と、Withコロナで行った調査の結果で、共通点と相違点がそれぞれ確認できました。

また、**5%社員と5%リーダーでも違いがありました。**前回の調査で行った5%社員の中に管理職も含まれていたのですが、管理職だけを抽出してAIを使って分析すると、思いもよらない特徴的な傾向が明らかになりました。

BeforeコロナとWithコロナで大きく異なったのは、**コミュニケーション方法**です。自分が主役の「伝えるコミュニケーション」ではなく、相手が主役の「伝わるコミュニケーション」の実践には、対面のほうがそのテクニックを発揮しやすいのです。

直接会うことができず、オンライン会議サービスを使っても、相手がビデオカメラをオン（以下、ビデオ・オン）にしてくれないケースなどでは、5%リーダーはかなり苦労していました。

しかし、小さな行動実験の積み重ねによって成功パターンを見出していました。この努力や行動実験はBeforeコロナでは必要なかったものです。

コロナ禍で新たな課題が発生しても、5%リーダーは解決していました。

このような厳しい状況の中で、5%リーダーが目ざしていたのは**「共感と共創」**です。経済格差が広がり、価値観の二極化が進む中で、「共感と共創」が今後のテーマになるでしょう。5%リーダーはいち早く「共感・共創時代」がくることを感じ取り、すでに行動を起こしていました。

同情するのではなく共感し、一方的に提案するのではなく共に考え抜く、という行動がチーム内で浸透し、チームの目標達成へとつながっていることを理解していたのです。

この2つを目ざしている5%リーダーに触れ、私は大きな影響を受けました。

5%リーダーが重視していること

Ｂｅｆｏｒｅコロナにおいて、トップ5%リーダーは徹底的に効率を重視し、最短距離で目標達成することを目ざしていました。

しかしＷｉｔｈコロナでは、テレワークなどで人を巻き込むことが難しくなり、メンバーの価値観の多様化が進む中で、5%リーダーはメンバーと対話を重ね、方向性を合わせていました。

コロナ禍でも成果を出し続けるために、メンバーと一緒に話し合いながら、**チームの意義・目的をチームメンバーたちに理解させること**に躍起となっていました。一瞬効率が悪いように思える地道な活動を行っていたのです。

「時間をかけてでも強固な人間関係を作れば、さまざまな変化が起きても協力体制を維持できる」と、ある5%リーダーが発言していました。

また、人間関係を構築する際に、「弱くつながる関係」と「強くつながる関係」を切り分けているようにも見えました。メンバーとは心理的安全性を確保しながら、行動目標を設定し共に達成に向かって歩み続けることを意識しています。

ときには結果が伴わなかったり、価値観のズレが生じたりすることもありますが、メンバーから嫌われることを覚悟しており、精神的に強いのです。

ただ、**社外のキーマンや社内のステークホルダーに対しては強い関係を構築**するように努めていました。

「オセロの角を押さえるようにキーパーソンと関係を構築して、形勢を有利にしていきたい」「ビジネスで大きなインパクトを生み出すために、要点を押さえたい」と発言していました。ご機嫌取りといったレベルの話ではなく、ビジネスのツボを押さえる**効率志向**からくる言動でした。

テレワークが進む中で、**「偶然の出会い」**に遭遇する機会が少なくなっています。5％リーダーは**影響力のある人とつながり、そこからさらに関係を広げていく**ことを視野に入れていました。

それは、強いつながりを基に、弱いつながりを広げていく戦術のように思えました。

これからの時代、チームに必要なこととは？

5％社員と5％リーダーの決定的な違いは、**目ざすべき目標達成のレベル**です。

5％社員は周りのメンバーを巻き込んで大きな課題を解決するチーム戦をとります。

しかし、それはあくまでも個人の目標を達成する手段であり、チーム全体が成果を残すことを重要視していません。


一方5％リーダーは、**チームが目標達成することのみ**を考えています。

もちろんリーダー自身の評価を上げることも考えてはいますが、個人ではなくチームの目標達成が最優先事項なのです。個人の目標達成を目ざす5％社員とは違い、より大きな組織目標を達成しなくてはいけない5％リーダーは、**メンバーの協力が必須**です。

もともと業務処理能力が高いメンバーがリーダーに抜擢されることが多いので、自分の能力や頑張りでチームの目標を達成しようとする人は大勢います。

しかし、会社としてもそんなに甘い目標を与えるわけがありません。

個人で目標達成するのであれば、管理職に昇格させる必要はありません。会社としては、個人では達成できないチーム目標を、メンバーを使って達成させようとしているのです。

そのために5％リーダーは、**メンバーには必ずタレント（能力）があることを信じ、それを引き出すためにどのようにティーチングとコーチングをすべきかを考えます。**

メンバーたちに**自由と責任を与え、自発的に動いてもらう**ことで、リーダー自身の管理負荷を減らそうともしています。5％リーダーは、**すべてを完全にマネジメントできない**と腹をくくっており、「メンバーのほうが自分より顧客や現場に近い分、より多くの情報に触れ業務スキルが高い」と答える5％リーダーが大勢いました。

つまり、5％リーダーは自分一人では達成できない大きな目標を達成するために、今までやっていた自分の能力や経験を手放しているのです。この**上司の「手放す」という行為が実はチームの結束力を生み、それがチーム個々人の自主性を育みます。**

メンバー同士が強み・弱みを出し合い、それを掛け合わせて**1×1を3や5に**しようとするチームを作ろうとしているのです。

5%リーダーの行動習慣を真似て成果を出す

より短い時間で学びと成果を得られる

5%社員の習慣は、我々のコンサルティング活動にも活かされています。各クライアント企業の人材育成計画や、組織編成の企画立案、人事評価制度の改善などに組み込みました。

5%社員が推進していた「45分会議」や「パワポの資料作成術」なども、講演や講座で多くの人に展開してきました。

そして5%リーダーの習慣は、昇格したばかりの新任管理職研修や若手社員向けのリーダーシップ研修として、178社に展開していきました。

その中でも78社には、リーダーシップ研修を複数回開催し、**成果を出し続ける新リーダ**

ーの育成に取り組みました。

今回の調査で体系化された行動習慣を、78社１４０８名のリーダーに適用しています。

例えば、

- **時間と精神の余裕を生むためにバッファー時間の創設**
- **週1回15分の内省タイムの強制設定**
- **口角を2センチ上げて話すことを推奨**
- **うなずきを2センチ以上大きくする**

といったことを展開したのです。

すべてが成果アップにつながったわけではありません。短く話すまとめ力や、相手の喜怒哀楽を感じ取るセンシングなどは一朝一夕に身につくものではないからです。

しかし、**自分ではなく相手を主役と捉えて、自分の思いが相手に伝わるコミュニケーション術は意識して真似できます。**

また、「心理的安全性を確保せよ」と命令するよりも、**「社内会議の冒頭2分で雑談せよ」**と具体的に指示したほうが行動を起こしてもらいやすいことがわかりました。

多くの試行錯誤を重ね、2ヶ月にわたり5％リーダー育成プログラムに参加した1408名のうち、**91％が「たいへん満足」もしくは「満足」**と答えてくれました。

そして、その育成プログラムが終了して2ヶ月後に、行動変容が定着し成果が出ているか確認したところ、なんと**参加者の89％が現場に戻って効果を実感**していたのです。

中には行動を変えていない方もいましたが、参加者の多くがプログラム終了の翌日から**行動を変え、内省タイムなどにより行動変容を定着させることに成功**して成果アップが実現できたようです。

各クライアント企業の人材育成担当の方々はとても積極的かつ好意的で、本プログラムの水平展開に協力してくれました。

それだけではなく、終了後の追跡調査にかなりの時間を費やして協力いただきました。

5％リーダーの量産体制が整ったわけではありませんが、**「確実に成果を出し続けるプラットフォームの礎ができた」**と評価をいただきました。

一人ひとりの力を結集し、組織として成果を最大化することがすべての企業が目ざすべき姿でしょう。

変化が激しい時代では、言われたことだけをやるメンバーではなく、自分たちで考えて自分たちでやる**「自走式組織」**が求められています。変化を即座に感じ取り、しなやかに行動を変えて意識も一緒に変えていく。言うのは簡単ですが、このような人材や組織を作るのには4年も5年もかかります。

しかし、各社の5%リーダーが教えてくれた行動習慣を参考にすれば、少なくとも**失敗確率を下げることができます。**無駄な挑戦や効果のない実験はやらなくて済むわけです。

すべてが再現できるわけではありませんが、**優秀なリーダーに共通する行動習慣を真似すれば、即座に学び、即座に成果を出すことを証明できた**のです。

より短い時間でより大きな成果を残すことを求められている現在の状況では、こうした行動実験の効率化が結果的に行動オプションを増やすことになります。

選択肢が増えれば、変化に対応しやすくなります。

クライアント各社での水平展開の中身と結果は第6章（P201～）で詳述します。

第1章

AIが突き止めた！トップ5%リーダーの意外な特徴

トップ5％リーダーの

59％は歩くのが遅い

気持ちと時間に余裕を作る

コロナ禍の影響でオフィスに出社している対象者を調査する機会は少なかったのですが、2020年1〜3月期の緊急事態宣言前は、5社に協力してもらいオフィスに定点カメラを設置して調査しました。

デスクの上だけでなく、人の流れが活発なフロアの出入り口付近や、オープンスペースに360度カメラを設置して働いている様子を録画しました。

そして明らかになったのは、**移動スピードの違い**です。

厳密に移動スピードを測ったわけではありませんが、明らかに速足で移動する人、他の人よりもゆっくり移動する人が検出できました。

５％リーダーのうち59％の人が、明らかに平均よりもゆっくりと移動していたのです。

目視で５％リーダーがとてもゆっくりと歩いている様子を確認することができました。

この結果は、前著『トップ５％社員の習慣』とは逆の結果です。５％社員はせっかちで、歩くスピードは一般社員よりも速かったのです。

目的志向で無駄なことを嫌う５％リーダーも同じくせっかちで歩くスピードが速いのかと思いきや、他の人よりもゆっくり歩いていました。

一般的な管理職で平均よりゆっくり歩く人は38％でしたので、５％リーダーは管理職の中でも相対的にゆっくり歩いていることがわかりました。

理由を追求すべく、ゆっくり歩く５％リーダーに直接ヒアリングしました。

他の人よりゆっくり歩いている事実を伝えると、「そんなことまで調査したのですか！」といった驚きや、「自分ではゆっくり移動しているとは思いませんでした」という反応がありました。

ただ、５％リーダーは、他のアンケートで、

「意図的に時間と気持ちの余裕を作るようにしている」

と答える人が58％いたので、それが歩くスピードに反映されているのだと思います。

また、5％リーダーは自分が仕切る会議では時間内に終わることを厳守していました。他の管理職よりも会議中に時間を確認する回数は2・8倍多く、時間内どころか予定より早く終わらせようとしていました。

また会議改革に取り組む5％リーダーが多く、一般的な管理職の3倍以上の人が社内会議の量と質を改善しようとしていました。

- **30分の定例会議を25分に設定**
- **意思決定の会議は参加者数を絞る**
- **会議の冒頭でアジェンダと各参加者の役割を発表する**

などの改革を進めていたのです。

会議が予定どおり、もしくは早く終われば、時間と気持ちの余裕ができます。

そうしたことが、ゆったりと余裕をもった歩き方に影響を与えているのではないかと思います。

ヒアリングでわかったのですが、５％リーダーはエレベーターをあえて使わず、階段で移動する人が多いこともわかりました。そして、階段は速く駆け上がるのです。

一方、**オフィスフロアや廊下はゆっくり歩いている**のです。

メンバーから気軽に声をかけられることをよしとする5％リーダーは、あえてゆっくり歩いて話しかけられる間《ま》を作っているようにも見えました。

眉間にしわを寄せてフロアを急いで移動する上司よりも、余裕をもってゆっくり歩いている上司のほうが、

「今ちょっといいですか？」

と声をかけやすい。

そういったことまで計算して行動しているのです。

トップ5%リーダーの

58%は話が短い

「話すこと」よりも「伝わること」を意識し、工夫する

今回のヒアリングと、5%リーダーの1on1ミーティングの様子を分析すると、**5%リーダーのうち58%は、発言頻度は多いが、発言時間は短い**ことがわかりました。

相手に話をさせるように、しっかり聞く姿勢にあることも特徴的でした。

実際この58%の人は、自分が話すより、相手であるメンバーのほうが長く話をしていました。

相手に思いが伝わるようにするには、メッセージをコンパクトにまとめて発する必要があります。 聞く時間よりも話す時間のほうがテンションが上がることを5%リーダーは知

っています。

一方で、**「丁寧に話せば確実に相手に伝えることができる」**と勘違いする管理職も多くいます。

事細かに説明しても、相手がそれを聞く気にならなければ伝わりません。**長い文章よりも、キーワードで伝えたほうが即座にその意味が伝わります。**流行語はまさにその好例で、短いワードでインパクトを与えるものが流行しやすいのです。

５％リーダーは説明する際にも、的を射てコンパクトに小気味よく話します。

「伝わること」を目ざす５％リーダーは、話した後に相手の反応をしっかりと確認しています。今回の５％リーダーに対するヒアリングでも、回答がストレートでコンパクトなため、予定した時間よりも早く終わることが多かったです。

「意義」「目的」「数字」をコンパクトにまとめると、より伝わる

５％リーダーは**最初の一言**に魂を込めます。

会議が終わった1時間後、参加者に、「どのパートが最も記憶に残っているか？」を聞きました。

参加者7516名にこの質問を投げかけたところ、最も記憶に残っていたのは**「最後の5分」**でした。

1時間で約7割の情報を忘れる人間にとって、時間軸で最も近い「最後のパート」が記憶に残っているのは当然のことです。

しかし2番目に記憶に残っているパートを聞くと、69％の人が**「冒頭の入り」**と答えました。記憶力からすると最後のパート、印象に残るのは冒頭部分ということが判明しました。

特に**冒頭の一言はインパクトが残りやすい**ことがわかりました。

他のパートはあまり覚えていないということは、**冒頭と最後のパートにエネルギーを注ぎ込めばインパクトを残しやすい**と言えます。

5％リーダーは、この法則を無意識に理解しており、最初の一瞬にエネルギーを注ぎ込みます。

冒頭では、事実や事象を淡々と説明するのではなく、**事実から導き出された気づきや、その事象からもたらされる参加者のメリットとデメリット**について説明することを宣言するのです。

冒頭で短く伝える

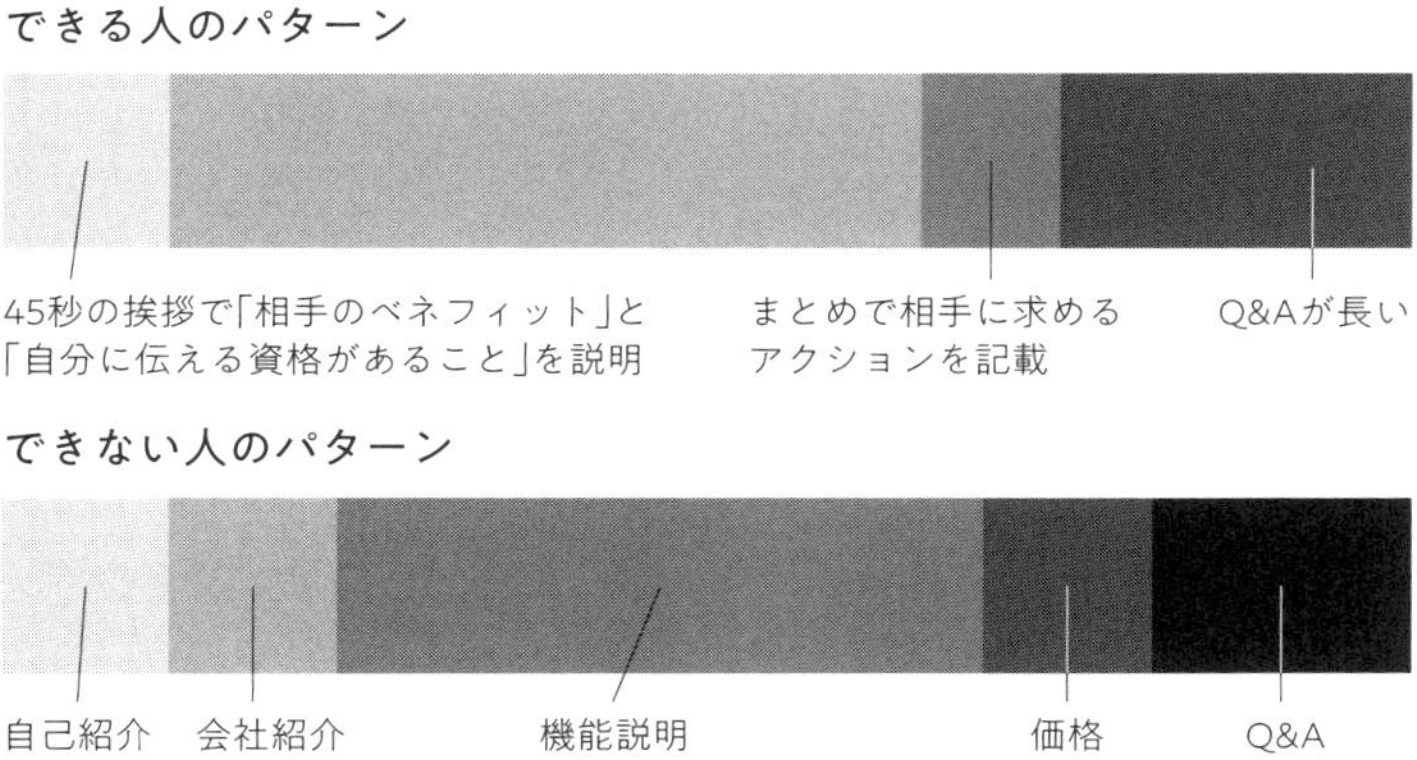

営業職の5%リーダーは、**自己紹介**と**最後の質疑応答**に力を入れると言っていました。

自己紹介といっても自分の所属部署や肩書を長く話すわけではありません。相手の記憶に残りやすい冒頭パートでは、**自分の所属や肩書を長く説明するのはもったいない**のです。5%リーダーの中には高い役職の方もいますが、その肩書を長々と説明してアピールすることはしません。

では、何を話すのか。参加者にどのようなベネフィットを与えられるかをコンパクトに説明します。

「この60分で業務効率を上げられるように、3つのことを確実に決定します」

というように、意義・目的を宣言し、数字

を絡めて相手の記憶に残るようにコンパクトに話をするのです。

この最初の挨拶に力を入れるのは、2018年から2019年に各社のトップセールスにヒアリングしたときも同じでした。

最初のトーンセッティング、期待値コントロールが、顧客の購買決定に影響を与えるということでした。

会議の参加者が「自分事」として参加する工夫

セールスではありませんが、社内会議でも同様です。

冒頭でアジェンダを明確にして、参加者の役割を再確認すれば、参加者は適度に緊張し、会議中に他の仕事をする内職も減ることがわかっています。

・今日の**アジェンダは3つ**です
・1つ目のアジェンダでは**営業部の鈴木さんから意見を聞きたい**と思います
・2つ目のアジェンダは**ディスカッション。開発部の吉田さん**もご意見をお願いします
・3つ目の**意思決定**では**営業部の山田さん**もぜひ積極的に関わってください

・**最後の質疑応答**では**各部門から一言ずつ**いただければと思います

このように動機付けをすれば、参加者は会議を自分事化し、内職者が激減します。

最も記憶に残る最後のパートは、**「まとめ」**と**「Q＆A」**として使います。「まとめ」は説明のまとめではなく、**相手に求めるアクション**を記載します。Ｑ＆Ａで参加者に質問させたほうが双方向の対話をすることができます。

５％リーダーは「まとめスライド」で相手に求めるアクションをコンパクトに伝えて、Ｑ＆Ａの時間を長めに設けます。

こうすることで相手に確実に行動させているのです。

1対1コミュニケーションを双方向にする工夫

「コンパクトに話す」は、メンバーとの１ｏｎ１のミーティングでも同様でした。

一般的な管理職は１ｏｎ１ミーティングで、**自分が7割**話し、**メンバーに残り3割**ぐらい話をさせていました。

5%リーダーはメンバーに興味・関心を持ち、コンパクトな質問で相手に気持ちよく、そして長く話させます。ミーティング時間の平均67%をメンバーに話させているのが特徴的でした。

5%リーダーは**メンバーに自分自身のことを考えさせる時間を作って、その気づきや学びを思う存分話してもらう**ことを狙っていました。

「どうですか?」

と冒頭で一方的に聞くことはありません。

自分の経験や感想を軽く話してから、

「例えば私は○○ですが、あなたはどうですか?」

と質問し、メンバーが答えやすいようにしていました。

長々と自分の経験を話すのではなく、あくまでも**相手が回答しやすいようなサンプルを提示**していたのです。

相手が答えやすいような空気と、回答方法の助け舟を提供し、相手が自発的に話す機会を多く与えます。

こうした工夫をして相手に話をさせ、双方向の対話に変換させていました。

トップ5%リーダーの

48%はメンバーにかなわないと思っている

☞ メンバーにも自分にも得手不得手がある前提で役割分担しながら目標達成を目ざす

プレーヤーとして優秀な人が、リーダーの素養があるということではありません。**個人プレーヤーとして成果を残すことと、チーム全体の目標を達成することは実現方法が異なります。それに必要なスキルも異なります。**

そもそも、リーダーはメンバーより偉いわけではありません。階層が上とか下とかいう問題ではなく、**役割と責任範囲が異なるだけ**です。

そのため、5%リーダーのうち48%は「自分がメンバー全員の能力を上回っている必要はない」と答えています。現場のメンバーが自分で考えて**自走する組織**を目ざす上で、**リーダーがすべての能力を担って動く必要はないと**考えているのです。

実際、現場や顧客、市場の近くで業務を行うメンバーのほうが、外部の変化を受け取りやすいので、役割分担をしたほうが目標達成に近づきます。

５％リーダーは、自らの業務遂行能力を高めることを諦めています。

自分の業務処理能力を高めることより、**メンバーの能力を高めるために、チーム全体の調整をすることが自分の責務**だと思っています。例えば加入したばかりのメンバーがいた場合、その人は業務知識や業務処理能力が他のメンバーより劣る場合もあるでしょう。

しかし５％リーダーは、全メンバーに何らかのタレント（才能）があると信じているので、**他のメンバーとは違う才能を見つけ出し、それをチーム内で際立たせます。**

メンバーの自己肯定感を高めることが目的ではなく、「仕事のできる人は偉い」という意味不明なルールから解き放とうとしているのです。

これを実現するためには、性善説でメンバーを見ないといけません。

できないことばかりに目がいってしまうと、お互いにストレスがかかってしまいます。

5％リーダーはメンバーのストロングポイントに注目し、そこを伸ばしてあげることに注力していました。

その上でメンバーの弱みを自分で補完するのか、他のメンバーに補完してもらうかなどを調整するのがリーダーの役目です。

その際、メンバーに対して上から目線でマウンティングしてしまうと、上下関係ができて距離感が広がるので、腹を割って話をすることができません。

まずは、雑談・相談（ざっそう）し合う関係性の構築を目ざし、上から眺めるのではなく、メンバーの横に並び、フラットな関係を構築しようとしているのです。

一方、一般的な管理職は、「メンバーにはかなわないと思っていますか」という質問に対して「いいえ」と答える人が**75％**でした。

確かに能力としては上回っている部分もありますが、そういった素振りや言動をすれば、現場のメンバーが遠ざかっていくことが容易に想像できます。

メンバーとフラットな関係を構築することを目ざす5％リーダーは、能力の優劣という基準を持ちません。

メンバーにも自分にも得手不得手があるという前提で、役割分担しながら同じ方向に向けて切磋琢磨していこうとしています。

これこそが、５％リーダーが目ざす、**「共感・共創」**の関係です。

トップ5%リーダーの

65%は思いきった決断をしない

成功確率を上げるより、失敗確率を下げようとする

管理職になれば、多くのことを決めていかないといけません。

人員配置や予算管理、他部門との連携や根回し、経営陣への説明など、次々に決定していかないと、物事が前に進みません。この意思決定を避ければ、プロセスが長くなり現場のメンバーたちに負荷をかけることになります。

5%リーダーは確実に意思決定をします。

実現可能性や投資対効果、インパクトや重要性など複数の評価軸を複合的に組み合わせ、

ブレない信念を持って決断します。８０００時間におよぶオンライン会議の録画を見ると一般的な管理職と5%リーダーの違いは顕著でした。条件は異なるものの、**5%リーダーの決定数は約25%多かった**のです。さまざまな案件に対して即座に意思決定をしていきます。

例えば、同一のクライアント企業・同じ職責の管理職で、同じ案件の意思決定のスピードを測ったところ、５%リーダーは他の管理職に比べて意思決定スピードが約１・３倍速いことがわかりました。１・３倍は誤差のように思えるかもしれませんが、これが積み重なれば現場の待ち時間が少なくなり効率が高まります。

中でも、これまでやっていたことをやめる決断や、重要性が低いのでタスクを受けないといった決断をすれば、現場のメンバーへの負荷は大幅に減ります。

このことを5%リーダーはよく理解しているのです。

そのため、**「進むぞ！」と決断するのと同時に、「代わりにこっちはやめる」というトレードオフをしています。やる覚悟とやめる覚悟を持っている**のが5%リーダーの特徴と言ってよいでしょう。

世の中の事象は多くの変数が取り巻いており、そういった状況を加味しながら意思決定をしなくてはいけません。過去に成功したプロジェクトであっても、外部環境やトレンドの変更などがあれば、同じやり方で同じ結果が出ることはありません。他社で実施した成功例を自社で真似しても同じ成果が出ないのと一緒です。だからといって過去の経験を無視したり、全くゼロからチャレンジしたりするべきということでもありません。

しかし、彼らは**一か八かの思いきった決断をしない**ことがわかりました。

5%リーダーへの度重なるヒアリングを通じて、意思決定は速いが、「少しでも望みがあればそれに賭ける」といった**博打的な決め方をしない**ことがわかりました。

5%リーダーへのヒアリングを通じて、彼らは**成功確率を上げようとしているのではなく失敗確率を下げようとしていた**ことがわかりました。

変化の激しい時代には成功テンプレートをそのまま真似するのではなく、**過去に失敗したケースの発生原因を掘り下げて把握し、同じ失敗をしないように回避することが結果的に成功に近づく**と、5%リーダーは理解しています。

そのため、一か八かの博打に出るのではなく、失敗確率を下げられるようなオプションを選ぶ傾向にあります。

例えば、競争率の激しい大型案件を全力で取りにいくよりも、小さな案件を確実に多くとる方策を考え、成功パターンではなく、失敗パターンをより多く集めます。

「なぜ、それは失敗したのか？」を掘り下げ、その根本原因が発生したメカニズムを把握しようとします。１つ目の原因にたどり着いたら、その原因が発生したのはなぜかをさらに掘り下げます。根本的な解決策が見出されないとしても、同じ失敗をするリスクは下がります。

失敗確率を下げようとするのは決して「逃げ」ではありません。

何もしないでただ待っているより、**積極的に挑戦し失敗確率を下げて前へ進めば、成功に近づく**ことができることを、５％リーダーの多くは理解していました。

「失敗確率を下げる」と発言をしたのは、５％リーダーで**２９１名**、一般的な管理職は**４名**でした。成功例を真似することに注力している一般的な管理職は**８９１名**、５％リーダーは**３名**でした（トップ５％の１８４１人、一般的な管理職１７１５名へのヒアリングより）。

成功例を真似して成功を目ざす一般的な管理職と、失敗例をもとに発生原因を追求し同じミスを起こさないように失敗確率を下げていく５％リーダー。成果を出し続けているのは５％リーダーなので、失敗確率を下げていく戦術が正しいでしょう。

トップ5%リーダーの

67%は「感情」を共有する

共感によって、信頼関係を築く

5%リーダーの特徴は、**仕事そのものよりも「仕事をしている人」に強く関心を持っていること**です。

メンバー個々人の能力や価値観に強く関心を持って、**メンバーのエネルギーのベクトルを1つに合わせて組織の目標を達成しようとする**のが5%リーダーです。

突出した成果を出し続ける5%リーダーは、一見ドライに見える部分もあるかもしれません。しかし、実際に話を聞いてみると、**人付き合いはウエット**で、宴会や会社行事では率先して盛り上げ役を演じている方が多かったです。

５％リーダーは世の中の変化や組織のメンバーに対して関心を傾け、その状況を把握しようとしています。

眉間にしわを寄せる鬼軍曹などの怖いイメージはなく、懐の深い優しい先輩という印象です。ただ外見は穏やかですが、頭の中では緻密かつ情熱的に物事を考えていることもわかりました。

メンバーに対して興味・関心を持つことは、人間関係を構築する上で有利に働きます。人同士のことなので、もちろん「合う・合わない」はあります。「好き・嫌い」もあるでしょう。

しかし、相性を超えて、メンバーの「**できること・できないこと**」に**関心を持ち、**他のメンバーの「**できること・できないこと**」**を組み合わせる**ことで、最大限の効果を引き出そうとしています。

そのため、５％リーダーはまずメンバーを把握するために、**対話の頻度と、相手にしゃべらせる時間**を増やします。

メンバーとの対話では、単純に結果を共有してもらうだけではインサイトを得ることができないので、**その結果が導き生み出された理由**を掘り下げていきます。

チーム全体で成果を出し続けるためには、心理的要因も重要であることを5％リーダーは理解しています。匿名のWebアンケートで、5％リーダーの67％が、

・「情報」よりも「感情」の共有を重視する

と答えていました。これは一般的な管理職の21倍です。

Withコロナで心理的安全性（好きなことを話しても安全であるという心理状態）を確保することが重要だと理解した管理職は多かったでしょう。

5％リーダーはコロナに関係なく**感情を共有し、人が行動を起こすメカニズムを理解**しようとしていたのです。

Withコロナになってからテレワークが本格的に開始され、5％リーダーは真っ先に感情共有の仕組みを整えました。会議を減らして会話を増やし、会話だけでなく1on1ミーティングの時間も増やしました。チームミーティングの開始直後は仕事から離れて無

邪気に雑談をしていました。

感情共有とは、相手の感情に寄り添うことです。

メンバーが不合理な不平不満を言うこともあるでしょう。自分ではコントロールできないことに対して愚痴を言い続けるメンバーもいるでしょう。愚痴の大半は解決しようのないことです。

しかし、その**感情が生み出されたメカニズムを理解しようとすること**は大切です。

メンバーは、一生懸命頑張ったけれども結果に至らないのは自分のせいだと自責することもあるでしょう。うまくいったのは他の人のおかげなのに、それを自分の手柄にしようとすることもあるでしょう。社内のライバルに負けないように失敗原因を他責にすることもあるでしょう。

５％リーダーは、そうした本人の感情に寄り添いながら、問題発生のメカニズムを一緒に考えていこうとしました。そうすることで、**不平不満・愚痴が論理思考へと転化**し、ネガティブなサイクルから抜け出そうとしていたのです。

解決策を伝えても、相手に受け入れる準備が整っていなければ、何も伝わりません。

まずは対話を重ねて信頼関係を構築し、**どんなフィードバックでも受け入れてもらえる**

ような関係を作ります。**一方的に伝えてしまうと、メンバーは自分で考えずに「ただ言われた通りにやる人材」になってしまいます。**

「言われたことをただやるメンバー」のほうが重宝される時代もありました。

しかし、自分たちで考え、変化にしなやかに対応する必要がある今の時代では、自主的に行動するメンバーを育てないといけません。リーダーは一緒に考えて一緒に行動をするという協力体制を構築していく必要があります。

その協力体制に必要なのが、**共感から始まる信頼関係**です。

一見遠回りのようですが、チーム目標に向かいベクトルを1つにして、失敗しても他責にするようなネガティブな行動を抑え、内省しながら行動を変容させていくリズムを作ることで組織全体が強くなります。

5%リーダーはこうして成果を出し続ける健全なチームを作っていたのです。

第2章

よかれと思って
やってしまう
「95％リーダー」の
行動習慣

95%リーダーは

部下に答えを教える

×
答えを教えて、上司に依存する部下を育てる

○
答えの出し方をサポートして、自分で考えて行動する部下を育てる

「ジャパン・アズ・ナンバーワン」（ハーバード大学 エズラ・Ｆ・ヴォーゲル教授の言葉）。

日本経済が世界の経済をけん引していた１９８０年代から90年代では、製造業を中心に、成果の出し方、つまり儲け方がパターン化されていました。市場のニーズに合わせて高機能なものを大量に生産していけば、業績は右肩上がりに伸びていったのです。

そうしたいわゆる「モノ消費」の時代では、顧客のニーズがシンプルで、最大公約数的な工業製品が、世の中を席巻しました。

この時代は、イノベーションは研究開発室で起き、販売方法は役員室で決まり、現場のメンバーは言われた通りに実行するのが成功パターンでした。現場では、上司から「言われたことだけやれ」と強く指示され、実直に言われた通りにやった人の評価が上がりました。

個人レベルの創意工夫は歓迎されず、働きアリのように実行することがよしとされていたのです。そして、会社への忠誠心や上司への従順さ、また、忍耐力が評価されていました。

現代と比べて、課題も単純だったため、過去に成功したルールを適用すれば解決できたのです。

そのような時代を経験した管理職は、過去に自分が経験して会得した解決策を、部下や後輩に押しつけがちです。

「営業成績を上げるには足を使って何度も訪問する」といった根性論や、「パワーポイントの資料を大量に作って努力をアピールする」などが、現代にも通じるかのように説教をする場合もあります。

仮に成果を上げる確実な答えがあったとしても、それをただ教えるだけの上司のもとでは、メンバーは自分で考えることをやめます。

変化の激しい今の時代に求められている人材は、自分で考えて、自分で動く人です。

つまり、「自走する人材」なのです。

自走する人材を育成するには、**答えだけを教えるのでは逆効果**です。

「なぜ、その答えに至るのか？」

「その答えは**本当に**正しいのか？」

を考えさせ、自分で仮説を立てて解決していく**課題設定力**と**課題解決力**を身につけさせないと、自走することはできず、上司を頼るだけの人材になります。

何かあったら上司に聞く、そして、うまくいかなければ上司のせいにする、そういった

上司依存型のメンバーが育ってしまうのは、答えをすぐに教えてしまう管理職の責任です。

一般的な管理職はメンバーに指導するとき、「**こうするんだ**」「**こうなるはずだ**」と**断定的に指導**します。

一方５％リーダーは、答えを教えるのではなく、答えの出し方をサポートします。

「**なぜそういう問題が起きると思いますか**」と、**内省**を促す質問をしたり、

「**その問題が発生する原因は何ですか**」

「**その原因が発生するのはなぜでしょうか**」など、

「**なぜ？**」**を繰り返して**、問題の本質を追求することを支援します。

緊急性の高い課題を解決するケースでは、過去の経験からすぐに答えを教えなくてはいけないこともあるでしょう。

しかし、重要度が高く、また今後も同じような課題が発生するようなケースでは、課題解決策を身につける支援をするほうが、「自走する人材」を生み出すことができます。

支援とは「気づき」を与えることです。

目標設定に対してメンバー本人が実現方法の**「気づき」の手助けをする「コーチング」**

をすることになります。

釣りでいえば、

・魚を釣る「目的」を組織内で共有する
・魚を釣る「実現方法」をメンバーが考える
・仮説を基に実際に魚を釣ってみる
・結果を一緒に振り返り、釣り方の改善策を考えさせる
・改善策を実行するように後押しする

リーダーは、このようにして、メンバーを「自走する人材」に育てる必要があります。

2つのフィードバック・スキル

	ティーチング	コーチング
目的	知識や機能の習得	目標達成のサポート
役割	答えを教える	答えを引き出す
提供方法	手本を見せる	質問して内省させる
メリット	多人数・同時にできる	**自立的**になる 課題解決力が上がる
デメリット	**受け身**になる	基本は1対1で、時間を要する

95％リーダーは

何でも「見える化」しようとする

× 進捗を100％把握するために、報告書などの提出物を増やす

○ 年間目標と行動目標は共有し、実現方法はメンバーに任せる

コロナ禍の影響で、2020年から多くの企業がテレワークに取り組みました。東京都や政府の発表では、東京都に拠点を置く企業の約25%がテレワークに取り組んだと言われています。

弊社クロスリバーが「いずれかの部門で1回でもテレワークを実施した会社」という基準で独自調査をしたところ、805社のうち87%が「実施した」と回答しました。

これだけテレワークが急激に進んでいる中、それに反対するのは経営陣と現場の管理職です。

今まで通りの管理ができず、何か困ったときにすぐにメンバーへ質問ができないため、メンバーを出社させます。また、ITツールが使いこなせない管理職は、オンライン会議を避けてメンバー全員を会議室に集め、進捗の報告をさせたりすることに満足します。

弊社クロスリバーが508社に調査したところ、**67%の管理職が「テレワークは生産性が下がる」と回答**しました。

5%リーダーを除いてアンケートをとると、その不満として、**「業務の進捗やメンバーの様子が見えないので管理できない」**といった声が多く上がりました。

一般的な管理職の87%はテレワーク中に業務を見える化しようとして、メンバーからの報告を増やしました。週報だけではなく、日報を課する管理職もいました。在宅勤務だと、「サボるのではないか」と疑心暗鬼になり、日報の提出など報告・連絡を過度に求める企業は少なくありません。

しかし、**サボる人はオフィスだろうが在宅だろうがサボります。**弊社が605名を対象にした調査で、**在宅勤務でサボっていた人の94％は出社してもサボっていたことが判明**しました。

見えない部分は、見える化したくなるものです。

「いつ役員から質問を受けるかわからない」

「西日本エリアの営業成績を即座に知りたい」

といった不安や要望があるのはわかります。

しかし、仕事で見えない部分を見える化しようとすれば、その投資額は数億円以上になることもあります。

そもそもコロナ禍でテレワークが始まる前に、みなさんの会社ではすべての仕事が見える化されていたのでしょうか？

目の前にメンバーがいるとチームワークがあるように錯覚し、メンバーが必死にパソコンに向かっているのと成果が上がっているように勘違いしていたのかもしれません。

個人の頑張りや、つながりを可視化することはできません。

あくまで**成果としてのアウトプットが想定通りかどうかを判断するのが管理職**です。

７３４社を対象に調べたところ、**定量的なゴールを持ってない人が57％**もいることがわかりました。

何をいつまでにやればいいのかわからず、目の前の作業をこなすだけの人になっているわけです。これではメンバー本人が達成感を得ることはなく、また、管理職も進捗を把握することはできないでしょう。

5％リーダーは、仕事や人が見えないことを前提に、自由と責任をメンバーに与える覚悟を持っています。

期初に年間目標を設定し、その**実現方法**を計画書に書かせます。そして、年間を通じて行う定期的な対話の中で**進捗**をメンバーと一緒に確認していきます。

行動目標をメンバーと話し合い、基本的にその実現方法をメンバーに委ねています。入社まもない若手メンバーや、サポートが必要なメンバーは適度にケアします。

しかし、何もかも面倒を見るわけではありません。

5%リーダーはメンバーの自立を促し、自走する組織を作ろうとするので、**自由**（**仕事の進め方などの裁量**）**と責任**（**目標達成の責任**）**のバランスでメンバーを育成**します。

成果を出し続ける5%リーダーのチームはエース人材への依存を嫌います。

ある程度の成果を全員が出せるように、5%リーダーは自分のエネルギーの配分先を変えています。例えば、優秀なメンバーの領域はそのメンバーに任せて、新人などフォローが必要なメンバーがいれば、その領域のサポートにまわるなどして、チームの底上げ、仕組み化にエネルギーを費やします。

そして**目標は定量的**に、例えば、

「去年よりも提案件数を1・1倍にしよう」

「今月は**エクセルの作業時間を8%**減らそう」

など、達成したか否かを客観的に測れるように設定します。

その定量的な行動目標をチームで共有し、その進捗を一言二言、チャットやミーティングで伝えさせているのです。

見えない不安があるから**管理対象を増やし、マイクロマネジメントに走る**マネージャー。

メンバーの能力を信じ、**自走する組織構築に向けて、自由と責任を与える**リーダー。

どちらのチームが継続して目標を達成するか、みなさんもうおわかりだと思います。

95%リーダーは

タスク管理が自分のメイン業務だと信じる

×　タスクの進捗を確認し、全メンバーの全タスクが順調に進むように管理する

○　仕事がきたとき、受けるかどうかの判断に最大のエネルギーを注ぎ、受けた仕事はメンバーに委ねる

管理職は、メンバーの労働時間や作業を管理するだけではなく、経営陣や上司、もしくはお客様から突然振ってくる仕事を割り振る必要があります。

一般的な管理職は、上から降ってきた仕事を処理できるメンバーに適切に振り、その進捗を管理しようとします。もちろん、やらなくてはいけないことを限られた人数と時間で終えるためには、稼働管理やタスクの進捗管理が必要です。

しかし、**しっかり管理すれば、しっかり成果を上げられるというわけではありません。**

実際、管理職の1週間の稼働を調査したところ、タスク管理リストを1日に3回以上確認しているマネージャーが42％もいました。

管理表を確認して、うまく進んでいなければメンバーを鼓舞し、順調にタスクをこなしているメンバーがいれば他のメンバーのサポートに充てる、といった全体管理をしていました。

こうしたタスク管理は必要です。これがなければ、チームの目標を達成することはできないでしょう。

しかし、これは**必要条件**であって、**十分条件**ではありません。

5％リーダーは、タスク管理よりも、**「仕事を受ける・受けない」**の判断に最大のエネルギーを費やしていました。

長時間労働がまん延している企業18社を調べたところ、**仕事を受けるか受けないかの判断次第で、その後の長時間労働の発生が決まる**ことがわかりました。

例えば、**納期が短い案件**を無理して受ければ、いくら頑張っても長時間労働から免れることはできません。

5％リーダーは、**仕事を受けない勇気**を持っています。それは、「成果主義一辺倒」といったドライな考え方ではありません。**インパクトを出すことができない作業は極力やめる覚悟**を持たなくてはいけない、という心構えを持っているのです。

5％リーダーは、タスクを受けるか否かを決めたら、その進捗及び報告をメンバーに委ねている傾向にあります。

また、メンバーと良好な人間関係を築けていない場合、管理職が自分で仕事をすることも大いにあります。

日本と韓国は、プレイングマネージャーの比率が他国に比べてダントツに高いことがわかりました。昼間は、プレーヤーとしてメンバーと同じような業務を行い、夕方や休日に管理職として数字をまとめたり、報告書を作成したりしているのです。

このプレイングマネージャーが、組織全体のパフォーマンス低下につながるとわかっていても、目の前の仕事をこなすためには自分で手を動かしたほうが速いと思い、作業してしまうのです。

組織で目標達成するために重要な鍵は、メンバーに自主自立の精神を持たせること。リーダーが手を動かさずに自然と成果が上がる仕組みを作るには、メンバーに動いてもらって成果を上げることが肝要です。

5%リーダーは作業処理能力が高いので、自分で手を動かすこともできます。しかし、組織の目標達成に向かってひたすら走り、成果を出し続ける仕組みを作るために、自分自身ではなるべく業務をしないポリシーを持っています。

仕事を受けてからその進捗管理に時間を費やすマネージャーと、仕事を受けるか受けないかの判断に力を入れ、受けた仕事の効率を徹底的に高めるリーダーとでは、成果が変わって当然です。

95%リーダーは

週報の作成にエネルギーを費やす

× 週報にチームの成果をまとめて、上司や経営陣にアピールする

○ チームの進捗を誰でも見られる状態を構築し、現場の状況を見て次の行動を設計する

従業員が1000名を超える大企業では、週報の作成作業に多くの時間を費やしていることがわかりました。従業員が500名以下の企業187社では、社員一人当たりの作成時間は、週に**1・1時間**であったのに対し、大企業は、その2倍以上になる**2・7時間**を週報の作成時間に費やしていたのです。

さらに追跡調査すると、大企業では、中間管理職が各メンバーの週報を取りまとめ、その中から重要な項目を抽出し、部長や経営陣に報告していることがわかりました。

報告書ではわかりやすさを求められるため、資料はシンプルでいいのですが、チームの成果をアピールするために、**大量の文字で埋め尽くされた報告書**を作成する管理職が散見されました。

ある製造業では、管理職がメンバーに対して、毎日のように「これはどうなってるのか」「あれはどうなんだ」と**質問攻め**をしていました。

その管理職は、**週のほぼ大半の時間**を週報の取りまとめに費やしていたのです。

時間をかけて週報を作成しても、**実はすべて読まれていないケースも多々**ありました。

18社にヒアリング調査をしたところ、**週報の23％が誰にも読まれていない**ことがわかりました。

つまり、管理職が週の半分以上の時間をかけて週報をまとめても、その23%の情報は読まれていないのです。

会社はさまざまな情報を基に経営判断をするため、現場から情報を吸い上げるのは当然です。しかし、**100%の情報を収集するのは現実的ではなく、現場を疲弊させます。**ではそもそも、なぜ右から左に情報を流すことが必要なのでしょうか。変化のスピードが速い時代に、**1週間ごとに変化を細かく説明することが本当に必要なのでしょうか。**

むしろ経営陣は、現場の変化をリアルタイムに知りたいはずです。

そのため、各エリアの売上や今四半期の達成確度などは、**週報がなくてもわかるような状態**にしておかないといけません。

大規模なシステムを導入する必要はありませんが、**現場の進捗、そして活動によって得た学びやインサイト**を誰でも見える状態にしておけば、週報はいりません。

弊社クロスリバーは、2017年2月から週報を禁止にしました。

プロジェクトごとにビジネスチャットでグループを組み、その進捗を常に見える化しました。

売上や商談の進捗率などは、SFA(営業支援サービス)やBI(ビジネスインテリジェンスツール)でリアルタイムに見られるようにしています。

週報の作成にエネルギーを費やすマネージャーと、現場からの学びを基に次の行動を設計するリーダーとでは、どちらが経営陣の信頼を得られるでしょうか。

95％リーダーは

定例会議で自分が7割話す

× メンバーよりも多く発言し、参加者が傍観者になる

○ メンバーの発言機会を作り、参加者全員が会議を「自分事」として捉える

５０８社を調べる中で、１週間の稼働のうち、**43％の時間が社内会議**に費やされていることがわかりました。

その社内会議のうち、**約６割は情報共有をする会議**でした。情報共有会議の約４割はアジェンダが決まっておらず、会議に参加することが目的の参加者もいました。

各組織では、週ごとに進捗やタスクの確認をする定例会議を開催しています。

ただ、定例会議の目的が、**組織の長である管理職が全体を把握するためであれば、効果は限定的**です。自分の発言機会が回ってくるまで40分も50分も待って、報告だけせよと言われたら、**メンバーはただ情報を右から左に流すだけ**です。

そのように形式的で、管理職が自分の把握のためにメンバーに情報を共有させる会議は、時間を浪費します。さらに最悪なことに、その定例会議の冒頭で管理職の独演会が始まることもあります。貴重な時間を使って定例会議を私物化しているようなものです。

それでは、学びを得ることができず、その後の行動に活かせません。

弊社クロスリバーでは、クライアント企業のオンライン会議を８０００時間以上録音・録画しました。

会議体は、60分がデフォルトの定例会議が最も多く、全体の81％を占めていました。

その定例会議のうち、4分の1の会議で、管理職が全体の時間の7割以上も話していました。

そして、定例会議は、**内職の温床**になっていました。

確実な相関関係は取れませんでしたが、オンライン会議で内職する人が多いのは、定例会議である可能性が高いこともわかりました。

第1章でお伝えしたように、5%リーダーは話が短くコンパクトです。

要点を絞り、相手に伝わることを目的にしています。

一方、一般的な管理職は自分の思いや感情を伝えることが主になっていて、周りの反応を気にせず、ただ一方的に話し続けます。

・相手に伝わることを目ざしている5%リーダー
・自分から一方的に伝え続けているマネージャー

この2者では、**会議後、それぞれにどのようなインパクトがあるか**、違いを容易に想像できるでしょう。

そもそも会議は、**アクション**につながらないと意味がありません。

そのため、マネージャーが7割も話すのではなく、メンバーたちにもっと**自分事として自発的に発言**させないと、会議後にアクションを促すことはできません。

突出した成果を出し続ける5%リーダーは、話し上手というよりは聞き上手です。メンバーたちのエネルギーレベルを上げるには、メンバーたちに話をさせたほうがいいことを知っています。

5%リーダーは自分が役職者であると認識し、情報共有とアイディア出し（ブレインストーミング）は一歩引いて見ています。そのため、**ファシリテーターはメンバーに任せる**傾向があります。

会議中もメンバーに裁量権を渡し現場経験を積ませることで育成し、最強のチームを作ろうとしているのです。

ぜひ、定例会議自体を見直し、そしてその役割を再認識し、5%リーダーが実践しているように**メンバーが自発的に話す会議**になるようにしてください。

95%リーダーは

感情で人を動かそうとする

×
感情的に結果を責めて、メンバーと信頼関係を築けない

○
まずは結果よりも関係構築にフォーカスし、協力体制を作る

相手に自発的に動いてもらうために、「理論」ではなく「情熱」に訴えることが効果的なこともあります。

ヒアリング対象の経営陣４０５人のうち78％が「理論よりも感情で物事を決めることが多い」と答えています。投資対効果や市場予測データなど、ロジカルに判断することもありますが、起案者の情熱や提案者の人柄に影響を受けて決断することもあるのです。

１００％確実な情報を入手することが難しいこの時代に、理論武装のためにやみくもに多くの情報を集めようとしても効率的ではありません。多くの企業の経営陣は、ある程度割りきって、集めた情報を基に、最後は勘や感情を頼りに意思決定をしています。

完全な論理による意思決定が難しい状況では、少なからず勘や感情が入ってしまいます。

5％リーダーは、そのような**判断を委ねられるときに、自分自身が行動を起こす仕組み**を持っています。自己満足で突き詰めるのではなく、**7割程度の情報で行動に移すルールを習慣化**しているのです。

しばらくやって**問題があれば、修正するか撤退**します。

また、うまくいかないときに感情に任せてメンバーを怒鳴りつける人がいます。うまくいかないことがあって感情的になるのはわかりますが、それを部下に押しつけることで解決しようとするのは、モラルに欠け、企業活動の妨げになります。そうした言動はパワーハラスメントと呼ばれることもあります。

実際にそういう管理職はいて、メンバーとの１ｏｎ１ミーティングの対話の動画に映されていました。

一般的な管理職の中には、メンバーの結果を確認し、失敗した際に責めることから始める人がいました。「だからうまくいかない」「でも失敗した」「どうしても成功したかった」、といった**ダ行から始まるネガティブな言葉**を口にするのは、一般的な管理職で、５％リーダーには見られない発言でした。

結果を確認し合うのは大切ですが、失敗した人を一方的に責めるのは得策ではありません。**二度と失敗しない方策を考え、次につなげる**べきです。

メンバーの失敗を責めると、**メンバーは萎縮して発言できなくなり、両者は上司と部下の明確な上下関係**となってしまいます。そして、メンバーは**上司から怒られないように受け身**になります。

怒られないように、言われたことだけをやるようになると、**思考の質**が変わらなくなります。上司に言われた通りに行動し、ときには「行動した」と嘘をつくこともあります。このような上司と部下の関係では、お互いに隠し事をするようにもなります。

企業内における情報漏洩やコンプライアンス違反は、このような関係のときに生じるのです。

メンバーが自発的に思考や行動を変えなくなったら、組織としてよい結果が生まれるはずがありません。

怒りで相手をコントロールすると、一時的に相手を支配することもできます。しかし、恐怖で言動をコントロールされたメンバーは、自分で考えて動くような人材にはなりえません。そのため、継続的に結果を出し続けるチームを作りにくくなるのです。

5%リーダーは、自走する組織を構築するために、**まず結果ではなく、良好な関係構築**に努めます。**メンバーとフラットな関係を築き、一緒に考えて一緒に行動する協力体制を作ります。**

その上で結果の振り返りをします。

うまくいかなければ**発生原因を一緒に考え**、うまくいったら**再び成功するメカニズムを一緒に確立**しようとします。

成果を出し続けている5%リーダーは、**対話の起点は結果ではなく、関係構築**でした。

自分の意思決定にある程度の感情が入ることはわかりますが、メンバーとの関係を構築している最中に、感情で言うことを聞かせようとするのは、効果的ではありません。

第3章

トップ5％リーダーが実践する「8つの行動ルール」

ルール1

「やる気」をあてにしない

やる気に頼らずタスクを進める仕組みを確立

やる気、つまりモチベーションは、仕事の効率を高める上で重要なエネルギー源です。しかし、そういった感情は安定しないことも理解しておかないといけません。

5％リーダーはチーム目標の達成に向けて最適なプロセスを組みますが、その中に「やる気があるかどうか」という要素は入れません。

つまり、**「やる気がないとそのプロセスが成立しない」**というのは、**リスクが大きすぎて計画に組み込めないと考えていて、やる気がなくてもそのプロセスが実行されるように仕組み化**しているのです。

「やるべきタスクを成功するまで継続する」が実現すれば、やる気に頼らず、プロセスを見守ることができます。

「やる気を入れるスイッチ」＝「やる気スイッチ」は、内発的動機にあるとされています。人それぞれが持つ興味・関心の中に「やる気スイッチ」があるというわけです。

しかし、仕事を進める上では、メンバーが興味・関心を持たないことにも対応させないといけません。

私が経験した585回の謝罪訪問や、毎月の領収書の整理はやる気が起きず、いやいやこなすタスクです。

やる気に頼らず、確実にタスクをこなす仕組みを作っているのが5%リーダーです。

例えば、やる気の有無にかかわらず**作業を45分刻みにして、体力と精神が疲弊するのを防いでいます。**

メンバーに少し高いゴールを設定するのもそういった仕組み作りです。目標が低すぎると緩んでしまいますし、目標が高すぎると意欲が失せてしまいます。

つま先立ちでギリギリ届くような適切な目標を設定するのが5%リーダーの特徴です。

日々の対話によって各メンバーの能力や伸びしろを理解し、**達成可能なギリギリの目標**

を設定し、その達成に向けたサポートをします。**「進捗20％」**というチェックポイントを設け、その時点でフィードバックをします。すると、メンバーはやる気の有無にかかわらず、気が引き締まります。

進捗20％で仕事を依頼した側と受けた側の認識のズレを補正できれば、その後の差し戻しや作り替えといった非効率な作業も減らすことができます。実際に、進捗20％でチェックする仕組みを作った5％リーダーの中には、差し戻しを74％減らすことに成功した人もいます。

5％リーダーは、こうした仕組みによって、やる気に頼らず、確実に前へ進むように設定していました。

ルール2

チームで解決する

1×1を5にして達成し続ける

5%リーダーは自分の存在意義をよく理解しています。

「あなたの存在意義は何でしょうか」「あなたが会社で発揮すべき能力を理解していますか」という質問に、トップ5%リーダーの83%が即答しました。

5%リーダーは「どうやって組織を作っていくか」「どうやって課題を解決していくか」といった、**「HOW（=どうやって）」**の考え方をまず捨てます。

5%リーダーがまず考えるのは**「WHY（=なぜ）」**です。

「なぜ私がこの組織のリーダーなのか」「なぜ私が必要なのか」といった会社や他者からの期待、そして**「なぜこのことに取り組まなければいけないか」**といった**意義や目的**を起点にして考えていく傾向にあります。

ずばり、リーダーが必要なのは、「チームで目標を達成するため」です。

ではなぜチームが必要かというと、一人では解決できないからです。さらに一人ひとりが個人作業をしていても、組織全体の目標を達成することができないからです。

テクノロジーの進化で在宅勤務やスマホの活用など、一人で仕事がしやすくなりました。わざわざ朝9時に全員が出社し、1つの場所で顔を合わせながら作業しなくても個々人が場所と時間にとらわれずに作業をすることで、個人の効率が上がることもあります。

一方で、世の中の変化は激しく、解決すべき課題は複雑化し巨大化していっています。顧客のニーズが複雑になり、社会課題が複雑になり、解決の仕方も複雑になっています。

マニュアル通りに作業をすれば顧客の課題をすぐに解決できるわけではありません。

では、「チームで解決する」とはどういうことか。

それは、**メンバー個々人の強み、弱みを活かして、複雑な課題をスピード感をもって解決すること、つまり「1×1」を3や5にすること**です。

より短時間でより大きな成果を求められる昨今の状況では、スピードも重要です。

一人ひとりが個々に作業するよりも、個々人の強み、弱みを組み合わせて三人でする作業を二人で終えたり、一人では3時間かかる作業を他の人に任せて10分で終えたり、といったことが求められます。

リーダーはまさにそういった**効率と効果の最大化**を目ざし、**より少ない時間でより大きな成果を出すこと**が求められています。

ただ単に目標を達成するだけではうまくいきません。

欧米企業を中心に発展したジョブ型人事評価制度は、目標達成をするために作られた評価制度です。

ジョブ型の評価制度を導入する日本企業も増えていますが、弊社クロスリバーが調査した限りでは、403社中64%の企業がジョブ型評価制度を検討していました。

ただ一方で、結果第一主義の評価制度には弱点もあります。

例えば、目標を達成すればすべてが許される、という意味ではコンプライアンス違反やパワーハラスメントが発生しやすくなります。

また、短期的な目標を達成することをよしとするので、社員個人の能力への依存度が高まります。5%リーダーはそもそも**何かに大きく頼るということ**を嫌います。

また、結果第一主義になるとチーム内でメンバー同士がライバルとなるため、足の引っ張り合いや非協力的な人が出てくるのも事実です。


しかし、ジョブ型の対比となるメンバーシップ型評価制度にも問題があります。

日本企業の多くは、長期雇用、長期育成を前提としたメンバーシップ型評価制度を採用しています。製造業を中心に発展した日本の高度経済成長期では品質こそが差別化の要因として、熟練工を長期で育成することを目ざしました。

そのために、定年まで雇い続ける終身雇用や、年齢とともに給与を上げる年功序列賃金、労働者の雇用環境を改善する労働組合を社内に設けました。

そうした日本特有の雇用慣行で日本が強くなったのも事実ですが、成果を出さなくても

階層型・自走型組織の違い

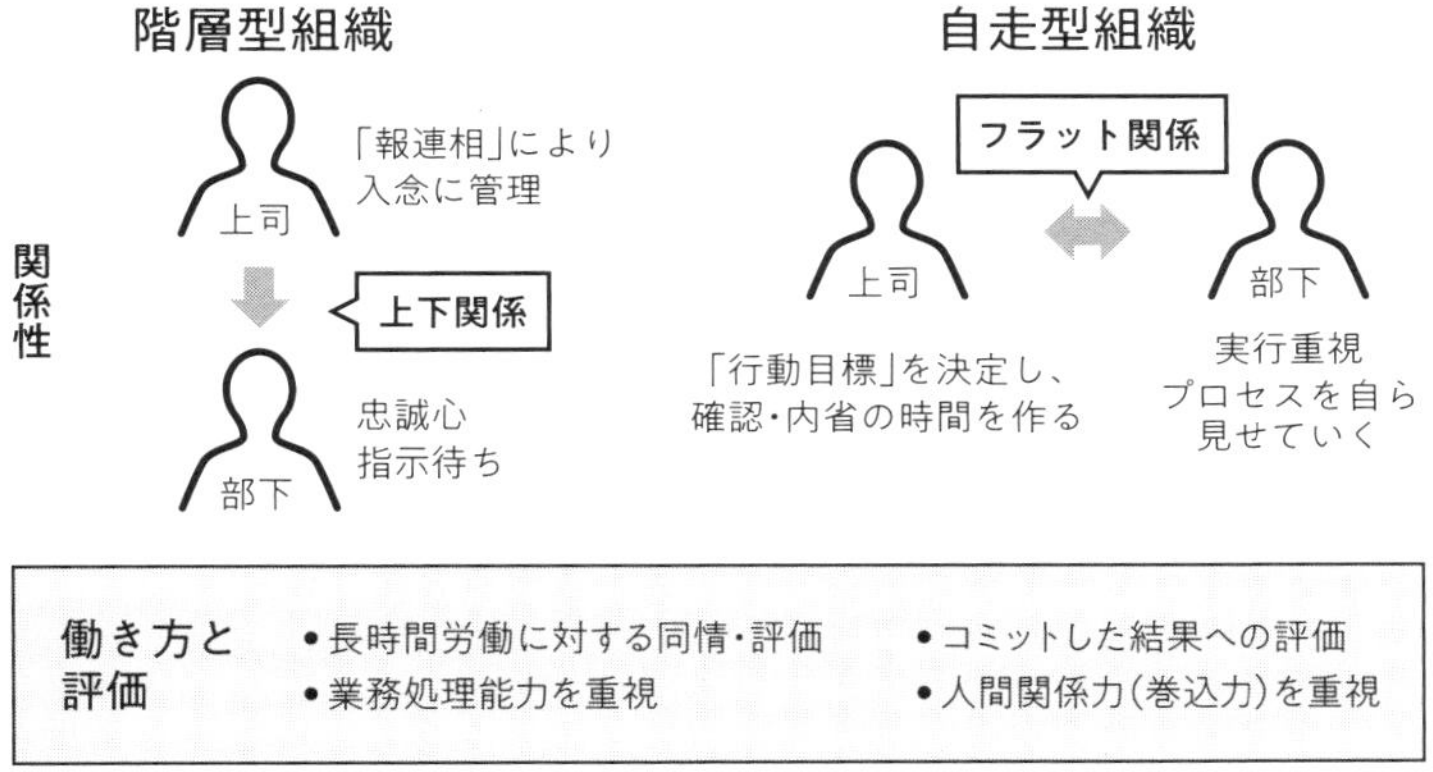

クビになることもなく、歳を重ねれば給与を上げるという仕組みは時にモチベーションを下げる要因にもなりました。

極端な話、たばこ部屋で一日を過ごしても咎《とが》められないような時代もあったわけです。

また人間関係を重視するため、「仲よしこよし」の同質集団になりがちです。

つまり、メンバーシップ型は成果の達成を相対的に軽視する傾向がある制度であり、会社を成長させるためには阻害原因になると感じる日本企業が多かったのです。

これまで800社以上の人事評価制度に対してアドバイスをしてきた私の経験では、**ジョブ型とメンバーシップ型の組み合わせ**が結果的にうまくいくと思っています。

そして、**メンバーシップ型とジョブ型のハイブリッド組織を実現するのが5%リーダーです。**

ちなみに、ジョブ型とメンバーシップ型のどちらの評価制度がいいかという漠然とした問いに対して、トップ5%リーダーは61%がジョブ型、一般的な管理職は74%がジョブ型がいいと答えました。

意外にも**5%リーダーは「メンバーシップ型がいい」と答える人の割合が比較的多かったのです。**

突出した成果を出し続けているトップ5%リーダーがこのような考え方を持っているのは意外でした。

そして、5%リーダーは成果を出すことではなく、**「成果を出し続けること」**を目ざしていることがわかりました。

短期的な成果を出すことであれば、能力のある人をサポートして組織の目標を達成することもできるでしょう。

しかし、若手社員や年配の社員が混在しているチームで成果を出し続けるためには、未熟なメンバーであってもいずれ成果を出してもらうことが必要です。

また、もし優秀なメンバーが組織を去っても成果を出し続ける組織でなければいけないということを、5%リーダーは念頭に置いています。そのためにもジョブ型だけではなく、メンバーシップ型も必要だと5%リーダーは考えています。

「短期で成果を出す」ではなく、「長期で成果を出し続ける」。

これが、5%リーダーが組織の中で果たそうとしている役割なのです。

ルール3

異質を歓迎する

能力を掛け合わせてチーム力を底上げする

複雑な課題を解決し、成果を出し続ける大きな目標に向かってトップ5％リーダーが行うのは、**「異質同士の組み合わせ」**です。**まずメンバーの特性をしっかりと把握し、強み、弱みを掛け合わせて、より短い時間でより大きな成果を出し続けます。**

トップ5％以外の管理職はタスクマネジメントにおいて、最も重視する点は何かという問いに対して、71％は**「個々人の能力（ケイパビリティ）を重視する」**と答えました。

つまり、**メンバーの強みにフォーカスしてしまう傾向が高く、強みに合わせて仕事を分け与えたり、タスクを割り振っていたりする**ことがわかりました。

一方5%リーダーは、メンバーの「できる・できない」を総合的に理解する能力が高く、先程の質問に対して、**「メンバーの苦手なポイントをフォーカスする」**と答えた方がなんと77%にも及んだのです。

メンバーの強みを重視する一般的な管理職、一方、**メンバーの弱みにフォーカス**するトップ5%リーダー。

こういった違いが調査で判明したのです。

追加調査で**「トップ5%リーダーは、なぜ弱みにフォーカスするのか」**を調べました。

Webアンケートなどでは、定性的な情報を入手することができないため、実際に会って話を聞いたり、オンライン会議のサービスを通じたりしてヒアリングを実施しました。

その彼らの発言を録音録画し、AIで文字起こしをした上で、テキストマイニングのデータ分析をしました。

すると彼らの発言、特に名詞で多かったのが、

「組み合わせ」「再配置」「入れ替え」「組み換え」「埋め合わせ」というワードです。

これは数式で言う「×（掛ける）」の意味であることがわかりました。

つまりトップ5％リーダーは**何かの要素を掛けたり、変えたり、入れ替えようとしているのです。**

そこでWebアンケートの弱みにフォーカスしてタスクマネジメントする「弱みを掛け合わせる」「弱みをすり替える」を思い出し、こんな仮説が思いつきました。

「5％リーダーはメンバーの弱みを理解し、それを強みとする社員と置き換えているのではないか」「強みのある社員に助けてもらっているのではないか」という仮説です。

そこで**「弱みを補完するためにメンバーを把握し、弱みを補完するために能力の高い人の力を借りているのではないか」**という仮説をトップ5％リーダーにヒアリングしてみました。

すると、意外にも彼らの答えは「Ｎｏ」。

彼らは業務処理能力が低い社員を優秀な社員で埋めようとしているのではなく、**優秀な社員の弱みを理解して、そこを他のメンバーで補完しようとしていたのです。**成果を出すメンバーは放っておいても成長するので、彼らの能力を2倍、3倍にすることで組織全体の能力を高めようとしていたわけです。

つまり、**成果を出すメンバーの弱みを理解して、そこを他のメンバーで補完し、成果を出すメンバーの成果を2倍、3倍にしようと考えている**のです。

しかし、能力の低いメンバーをおざなりにしている訳ではなく、彼らの強みも理解して、その強みを伸ばす努力もしていました。

チーム内で優秀なメンバーの苦手なことを代わりにやってあげれば承認欲求も刺激され、自分の能力に気がついて発揮しようという気持ちが高まります。

もちろん若手社員などの基礎能力を高めていく必要があるのも事実です。

ただそういったことにエネルギーを費やしているだけでは、チームの成果を出し続けることはできません。

そこで5%リーダーがうまくパートナーシップ関係を構築しているのが**人事部の育成担当者**です。

トップ5%リーダーの65%は、人事部の育成担当者と**3ヶ月に1回**は会話をしていました。仕事をする上で基本的な能力は人事部の育成担当者に任せ、トップ5%リーダーはチームの目標を達成し続けることにフォーカスしながら、自分たちですべき育成を実践していました。

トレーニングや座学で身につけられる基本スキルは育成担当者に任せ、実務を積ませることで能力を高めるOJT的なトレーニングは現場のリーダーが行う、こういった分業を行うことで効率的な若手育成ができます。

このように**各メンバーの強み、弱み、能力を把握する**ことに努め、**優秀なメンバーの弱みを補完する**ことで成果をさらに大きくしていました。**若手メンバーの基礎能力の育成は人事部の育成担当者に任せ、チーム内で強み、弱みを掛け合わせる**ことによって人間関係も良好にしていく。

これがトップ5%リーダーの取組みであることがわかったのです。

ルール4

ストイックにならない

心と時間に余裕を作り、効率よく仕事を進める

上司の背中を見て部下が育つ、と言われた時代もありました。

それは上司の業務遂行能力が圧倒的に高く、それを真似すれば同じような成果が出る時代、今から20年以上前のことです。

プレーヤーとしても突出した能力を出した人が管理職に昇格し、プレーヤーとしての役割も担ってしまうことはよくあります。プレイングマネージャーは、個人の成果を出しつつ、チーム全体を取りまとめる役割を担います。

しかし一個人としての業務遂行能力を高めることを追求すると、チーム全体のリードがおろそかになります。

そもそも、個人に依存することなく、メンバー各々が考えながら自走する組織を作るのが5%リーダーの目的ですから、自分自身が強力なプレーヤーになることは目ざしていません。実際5%リーダーは、プレイングマネージャーとしても突出した成果を出しますが、その成果はチーム全体の取りまとめからきています。

個人の業務遂行能力を磨くのには限界があることを5%リーダーはよく理解しています。そのため、自分が頑張っている姿をメンバーに見せて「ついてこい!」というリーダーシップではなく、**正しい方向にメンバーを導くようなリーダーシップ**が求められます。徹夜して資料を作ったり、休日出勤をアピールしたりはせず、そういったストイックな姿を見せると、むしろ逆効果になることを心得ています。

5%リーダーは、プレーヤーとして仕事を進めれば興奮物質のアドレナリンが出て、労働時間を忘れて集中してしまいます。基本的に仕事が好きなので、時間とエネルギーが続けばいつまでも仕事をする人たちです。

しかしそれは現在の日本の法制度にも合わず、人生100年時代で健康を維持するのにも向かないことをよく知っています。

そこで5％リーダーは**時間制限を設けて、その中で最大限の成果を出すこと**に全精力を注いでいます。

昔と違って、やるべきことをただこなすだけで成果が右肩上がりになるわけではありません。今は、自分で考えながら積極的に行動を起こし、状況に応じて行動修正することで成功に近づく方式をとらざるをえません。

つまり、**がむしゃらに仕事を進めるのはリスクであり、冷静かつスマートに重要な仕事にエネルギーを注ぎ込むことが成果につながる**と5％リーダーは心得ています。

そのため、プロセスである努力や根性は決してアピールせず、むしろそういったことはダサイと思っています。

仮に汗水流して頑張っても、それを隠してメンバーに見せないようにしています。自分が頑張りすぎている姿をメンバーに見せるとむしろ**プレッシャーを与え萎縮させてしまうから**です。

頑張りすぎないことは、メンバーとの関係にもいい影響を与えます。

メンバーから気軽に声を掛けられることをよしとする5％リーダーは、まず先に**時間と**

精神の余裕を持つようにします。

例えば、朝に音楽を聴いて自律神経を整えてイライラしないように心がけていました。散歩やランニングをする習慣を身につけ、有酸素運動することで自律神経を整えている5%リーダーも多くいました。

朝一番が心を整える上で重要であることを理解し、行動に移しているのです。

朝以外でも、**業務時間中に精神と時間の余裕を作ることに注力**していました。

例えば定例会議は90分を75分に、60分を45分に圧縮することで、時間のバッファー（余裕）を生み、同時に精神的な余裕を生むようにしていました。

会議を減らして会話を増やすことを心掛けている5%リーダーは、**会議後のバッファー**を大事にしています。

「ちょっといいですか？」とメンバーが声を掛けやすいように隙を作ったり、カジュアルな会話を通じてメンバーの健康状態を確認したりしていました。

5%リーダーはこのように、がむしゃらに努力をしている姿を見せると逆効果であると心得て、心と時間のバッファーを作ることを最優先にしていることが調査でわかりました。

ルール5

根回しを構造化する

社内調整をパターン化して、さっさと終える

会社の中には、意見の異なる人たちがいて当然です。

特に多くの企業が吸収合併して成り立っている大企業では、出身会社によって派閥ができてしまい、他の派閥の足を引っ張る動きが出てしまいます。

そうした複雑な人間関係の中で、折り合いをつけて1つの方向でアクションすることを調整しなくてはいけないのがリーダーです。

社内にいる反対派と賛成派のバランス、両者のベネフィットを事前にじっくり考えて、仕事に取り込む必要があります。従業員が1000名を超える大企業では、社内で「おい、

聞いてないぞ！」と叫ぶモンスターを取り込まないと稟議が通らないこともあります。

私は「合議」という決定方法が好きではありません。

この**合議のために、社内会議時間が増えている**からです。

5％リーダーは、うまく立ち回るために、**社内のパワーバランスや出身、積極さ、社内人脈などを手帳やパワーポイントの資料にまとめ、どのように誰を巻き込んでいくかを構造化**していました。これは、情熱とコミュニケーション能力の高さで一点突破を狙うトップ5％社員とは違う動きです。

「おい、聞いてないぞ！」と叫ぶモンスター管理職を説得させるために、**相手に興味・関心を持っていることをアピールし、自己開示で相手の心を開かせる**などして、戦略的に根回しを行っていました。

このように根回しを構造化し、しっかり用意して調整に臨む姿をメンバーたちは見ています。

社内調整に苦労したときは、上司にアドバイスを聞くことが多いと思います。

一般的な管理職は、「あきらめずに頑張れよ！　何かあったらいつでも言ってくれよな」と、励ましているのか逃げているのかわからない曖昧なアドバイスをします。

5％リーダーは、**根回しに必要な構造図やメモをメンバーに見せて具体的な対処策をアドバイス**します。

メンバーが悩んでいるときに、すぐに答えを教えてしまうと、メンバーが育たないのは事実です。しかし緊急を要するときは、解決方法の1つとして**構造図を見せる**ことで、メンバーは答えの出し方を学びます。

5％リーダーは常にチームの目標達成を考えており、適切な情報共有と教育が重要であると理解しています。

ルール6

「伝える」ではなく「伝わる」を目ざす

コミュニケーションのゴールを共感・共創と考えている

5％リーダーのコミュニケーションの特徴を端的に表現すると、**「伝える」ではなく、「伝わる」を目ざしている**、です。

一般社員や一般的な管理職がコミュニケーションで目ざすのは「伝える」こと。それは、**伝える側が主役の一方向のコミュニケーション**です。

一方的に伝えるので、話が長くなりがちで、資料内の文字数が多くなります。伝えることが目的であって、相手の反応は二の次。**相手が理解しているかよりも、自分の言いたいことが言えたかどうかが成功指標**となります。

一方、5%社員と5%リーダーは**「伝わる」コミュニケーション**を目ざします。自分の思いが相手に伝わるようにコミュニケーションをとり、相手と共鳴して自分の思い通りに行動してもらうことが成功。**話を聞いてくれたかどうかではなく、中身を理解して行動してくれたかどうか**が成功指標となっているのです。

「伝わる」コミュニケーションは、**聞き手である相手が主役**です。相手がコーヒーが飲みたければコーヒーを出すし、水が飲みたければ水を出します。話し手と聞き手の双方向のコミュニケーションを成立させようとするので、相手にも話をさせます。

ある製薬業の5%リーダーは、営業活動で**質疑応答**を重要視していました。最後に質疑応答時間を設けて、顧客に質問をしてもらいます。一方的に聞くだけでなく、顧客から質問があれば、**「対話」**が生まれ、**「共感・共創」**が生み出しやすくなると考えています。

たしかに質疑応答は対話の時間です。

あるＩＴ企業のオンライン定例セミナーを支援していたとき、**質問数とセミナー後９ケ月以内の発注数に相関関係が成立している**ことがわかりました。

オンラインセミナーで質問をする参加者は、９ケ月以内にサービスを購入する確率が高まるのです。質疑応答が活発になれば、一方的な説明ではなく対話となり、参加者が行動を起こしてくれやすくなるのです。

対話から共感・共創を導き、商談につなげている５％リーダーの営業手法は理にかなっていました。

ただし、**聞き手と話し手で目的が異なる**場合もあります。

話し手は**「伝えたい」「伝わってほしい」「相手を動かしたい」**と思います。顧客、相手は**「売られたくない」「騙されたくない」「理解を深めたいだけ」**と身構えます。

そう思っている顧客に振り向いてもらうために5%リーダーは行動実験をしていました。

オンライン商談やオンライン会議ではＷｅｂカメラの位置を自分の目線に合わせ、６割の方がカメラに向かって話し相手と目線が合うように努めたり、相手が話すときには大きくうなずいて共感を表したりしていました。

「リーダーが腹を割って話してくれたんだから、私も腹を割って話そう」という返報性の原理。

　このメカニズムを5％リーダーは理解しているので、いきなりくだらない話から始めたりするのです。

相手に情報を伝えることを目ざすマネージャーと、**相手の行動を誘発する**ことを目ざす5％リーダー。メンバーとの共感を生み出すのも、営業成績を上げるのも後者であることは間違いありません。

ルール7

先にやめることを決める

「やめること」を決めて、新しいことにチャレンジする

忙しい管理職は、毎日多くのメールが届き、カレンダーを埋め尽くす社内会議に悩まされています。

そして、明確な基準がないまま、目の前にあるすべてのタスクをこなそうとしてしまいます。重要度の低い仕事に手をつけてしまい後で後悔したり、緊急性は低いが最も重要なことをやり損ねたりすることがあります。

主体的に優先順位を設定することなく、降ってくるタスクにそのまま対応することは生産的とは言えず、むしろより忙しくなる原因になっているケースが見受けられました。

管理職に本当に必要なのは、時間でなく、重要なタスクに時間を投資することです。

情報通信業のある5％リーダーは、**「日常的に発生する目先の緊急業務と距離を取りながら、長期的な目標達成に向けて進捗を管理することが必要だ」**と語ってくれました。

リモートで働くメンバーが増え、仕事の質を維持しながらタスクをきちんとこなす一方で、家族と一緒に過ごす時間や、自己成長を実現していくための時間を十分に確保するといった、**長い人生を豊かにする時間管理術**が求められています。

フランクリン・コヴィーの有名な「時間管理のマトリクス」は、どのように時間を使っているかを可視化し、緊急度は低いが重要度の高いタスクに時間を割くことをサポートしてくれます。

意思決定ツールである**「ペイオフマトリクス」**でもタスク整理ができます。

ペイオフマトリクスとは、**「効果」**と**「実現可能性（実行コスト）」**の2つの軸で構成されるマトリクスを用いて、アイディアの選択を効率的に行うためのフレームワークです。

この2つのマトリクスは、現在抱えているタスクを2つの評価軸で並べ、視覚的に相対評価ができるようにするものです。これはタスク整理することではなく、次のアクションにつなげるために確認をすることが目的です。

次のアクションとは、ずばり**「やめることを決めること」**です。

「時間管理のマトリクス」では、緊急度も重要度も低いタスクに手を出していないか確認し、緊急度は高いが重要度が低いタスクをやめる勇気を持つことが本質的な目的です。

「ペイオフマトリクス」では、インパクトが大きいが実現可能性が低いアイディアを、どうすれば実現できるかを議論することに意義があります。

目的は、「実現可能性もインパクトも低いもの」を撤廃し、「実現可能性は高いがインパクトの低いもの」をやめることを決めることです。

このように、フレームワークを使った相対比較によって**「やめるべきもの」を可視化**し、やめることを決めていかないとタスクは積み上がり残業時間も増え続けます。

5%リーダーはチームの継続的な成長を考慮し、バシバシ意思決定していきます。同時に改善に向けた新たな挑戦も進めていきます。

一般的な管理職と異なるのが、**労働時間生産性**です。

仕事のアウトプットにかける時間が相対的に少ないのです。**新たなことにチャレンジし**

ているのに、労働時間が少ないのは、「やめることを決めている」からです。

何か新たなタスクが降ってきたり、新たな挑戦をしたりする際は、まず「やめること」を決めてから取り組んでいました。

5％リーダーは、仕事のスピードを高める上で、業務処理能力を上げることよりも、やめることを決めることが先だと心得ているのです。

ルール8

心と身体で聴く

うなずきのバリエーションが5つ以上ある

5%リーダーはメンバーから聞き上手だとよく言われます。**メンバーが話しやすい環境を作っているのです。**

メンバーに匿名でアンケートをとったところ、**「聞き上手な人は『いい間《ま》』を持っている」**という回答が多く、5%リーダーは**「間の作り方がうまい」**ということがわかりました。

実際トップ5%リーダーの対話の様子を見ると、**相手の話に被《かぶ》って話し始める回数が少ないことがわかりました。**平均すると、1時間で発言が被る確率は一般的な管理職の4分の1以下でした。

相手の話をしっかり聞いて、聞くことに重きを置くので、発言が被りにくいのです。

また、話し出しが被らないように、**自分が話し始める前に心の中で「うん」と一呼吸おいてから話す**5％リーダーもいました。

一呼吸おいてから話し始めることを習慣化した流通サービス業のクライアント企業では、対話で相手と話し出しが被る確率が7割以上減ったそうです。

間を作るといっても、程度があります。

あまりに長い間を作るとむしろ相手を不安にさせます。

リーダーとメンバーの両方を対象に1万8154人にアンケートをとったところ、**3秒以上の沈黙は恐怖**と捉えられることがわかりました。相手の話に被らず、適切な間を持って話すことも重要ですが、3秒以上沈黙が続くと相手に恐怖を与えます。

5％リーダーは、3秒以上の沈黙を作らないように、**相手が話に詰まったときは助け舟を出してあげたり、相づちやうなずきで時間をつないで相手に返答するなどの工夫を自然としていた**のです。

5％リーダーは、**うなずきのバリエーション**が多いことも特徴的でした。

一般的な管理職は相手の話を聞くとき、**「はい」「なるほど」**など、うなずきのバリエーションは平均で2・5パターンでした。

一方5％リーダーは、**「はい」「なるほど」「そうですね」「うん」「やっぱり」**など、うなずきのバリエーションを平均で5・2パターン持ってうまく使い分けていました。

メンバーにヒアリングしたところ、聞き手のうなずきが単調だと、**本当に聞いてるのかと疑念**が湧くそうです。一方、**うなずきを変えるだけで、「しっかり私の話を聞いてもらえる」という認識になる**そうです。

「はい、はい、はい」と同じうなずきを繰り返されると、たしかに流されている感じがします。

うなずきのバリエーションが多いほうがしっかり聞いていることをアピールでき、相手にテンポよく話してもらうこともできるのです。

第4章

トップ5%リーダーの「自分磨き」

広げる円を持っている

自分が影響を与えられる領域を把握し、そこにエネルギーを投入する

5％リーダーは**エネルギーと時間**が有限であることを理解しています。

そのため、限りあるエネルギーと時間を**インパクトの出るエリア**に投じることを心掛けています。

世の中にうまくいかないことはたくさんあります。

しかし、**自分がインパクトを与えることができない領域にエネルギーと時間を費やしても事態を変えることはできません。**

5％リーダーは**リフレクション（内省）で、自分がインパクトを与えられるエリア（内**

円）**意識し、そこで改善をしてエリアを広げる努力**をしています。

リフレクションは**自分が主役の振り返り時間**です。そこで**エネルギーの傾け先**を明確にします。

自分がインパクトを与えることができる円で成果を残せば、その円が広がります。

例えば、成果を残せば周囲から信頼され、好きなように仕事をすることもできます。社内異動や転職などの選択肢も増えるでしょう。

5％リーダーは、この**選択肢を増やし、自分の意思で選択できる権利**（自己選択権）**を持つことは、「内円を広げること」**と理解しています。

5％リーダーは、このインパクトを与えることができる内円と、自分がコントロールできない外円をメンバーにも理解させて、彼らのキャリアアップ相談に応じていました。

内円にフォーカスし、そこの内省によって得られた学びを、次の行動に活かせば必ず成長できます。行動を変えれば成果が出やすくなり、社内外で評価が上がります。

評価が上がれば、裁量権や役職を手にできるので、内円が広がります。

この**拡げられる内円こそが5％社員の心の支え**になっているのです。

学んだことを手放す

変化に合わせて成長するために、常に新しい情報・学びを取り入れる

自分を磨く上で自己肯定感を強めすぎたり、自己満足に浸ってしまったりすると、自分磨きの妨げになります。

5％リーダーは、自分の考えに固執することなく、多様な意見を取り入れて自分を進化させています。

つまり、**限られた経験や知識にこだわりすぎると、行動を止めてしまう恐れがある**ことを5％リーダーは心得ているのです。

5％リーダーがスキルアップや情報収集で常にアップデートを目ざすのは、**常に新たな**

情報に触れ、多様な意見を取り入れようとするポリシーを持っているからです。

政府が力を入れている「リカレント教育（学び直し）」に強く関心を示していたのが、5%社員と5%リーダーでした。

また、多忙な仕事をこなしながら、ビジネススクールで勉強する人の比率は、一般的な管理職に比べて、5%リーダーは4倍以上でした。

実際に5%リーダーの78%がスキルアップに好意的ですが、学んだことを手放す覚悟を持っている人も61%います。手放す覚悟の有無を一般的な管理職と比べると、4倍以上の差が出ました。

例えば、5年以上前に取得したIT関連の資格を名刺の記載から削除した5%リーダーが複数いました。英検やファイナンシャルプランナーなど、取得した資格を自慢する人がいる一方で、以前に取得した社会保険労務士やキャリアコンサルタントの資格を隠しているリーダーもいました。

5%リーダーは、資格を取得することが目的ではなく、「取得した資格を元に何を成し遂げたか」を話してくれました。価値を生まない資格はなかったものとして隠すのです。

5%リーダーはアウトプットすることを習慣化しており、そのためには常に本を読んでインプットしています。しかし「読書をしなくては！」と身構えることはなく、水を飲むのと同じような感覚で、読書が生活のなかに無意識に自然と組み込まれていました。読書量は、年間で平均49冊で、一般的な管理職の12倍でした。

変化に合わせて自分をアップデートするためには、新たな経験や知識を取得し続け、古い知識は手放すことが必要だと、5%リーダーは心得ているのです。

口角を2cm上げて誤解をふせぐ

不要な気づかいをなくす非言語コミュニケーションをする

出勤とテレワークが行われるハイブリッド環境では、言葉に頼らない**非言語コミュニケーション**が重要な役割を果たします。

表情や声のトーン、**空気感**、**雰囲気**、**視線**などは言葉以上に大きな役割を果たします。

アメリカの心理学者アルバート・メラビアンが1971年に発表した、有名な**「3Vの法則」**というものがあります。

メラビアンは、表情や視線など見た目による**「視覚情報（Visual）」**が相手に与える影響は**55％**、声のトーンやスピードなどの**「聴覚情報（Vocal）」**は**38％**、**「言語情報（Verbal）」**

コミュニケーション方法と「伝わりやすさ」の関係

	ノンバーバルスキル（非言語スキル）			
				雰囲気
			表情	表情
		聴き方	聴き方	聴き方
	会話のリズム	会話のリズム	会話のリズム	会話のリズム
言葉	言葉	言葉	言葉	言葉

メール	チャット	電話	オンライン会議	対面

は7％と発表しています。

メラビアンの3Vの法則は、「視覚情報によって相手の心が動く」と解釈されがちですが、これは正しくありません。「視覚情報」「聴覚情報」「言語情報」の3つがどれか1つでも一致しない場合には、**視覚情報＞聴覚情報＞言語情報**の順番で優先されます。そのため、メラビアンの3V法則を用いるのであれば、**「視覚」「聴覚」「言語」の3つの情報をすべて一致させることが大切**です。

その3つが一致しないことで生産性が落ちることがあります。

前後の文脈や空気を読み取ってコミュニケーションをとる傾向のある日本人は、相手が機嫌を損ねていないかを確かめながら、慎重にコミュニケーションをとります。

上司が怒っているようなら、メンバーたちは気をつかって話しかけなかったり、必要以上に多くの資料を作成して説明しようと試みます。

会話が少ない状態では認識ギャップが起きやすくなります。

特に問題となるギャップは**「不機嫌に見える表情」**です。

本人は怒っていないのに、周りには不機嫌そうに見えて過剰に気をつかうケースです。

特に男性は歳を重ねると顔の筋肉が下がり、ムスッと怒っていると思われてしまいます。

私も気がつくと**口角が下がっていたり、眉間に軽くシワが寄っていたり**して、周囲に気をつかわせてしまうことがあります。私の経験上、女性はリラックスした状態でも口角が少し上がり気味の方が多く、男性は基本的に口角が下がっている方が多いと思います。

機嫌が悪くないのに、あたかも機嫌が悪いように捉えられてしまうと、本人も周囲の人も気をつかってしまいます。ただ、私のような中年男性が自然に笑うのは至難の業です。

強引に笑顔を作ると不自然ですし、ふざけているようにも思われてしまいます。

コミュニケーションの達人でもある5%リーダーも、非言語的コミュニケーション、特に表情を気にする方が多数いました。

弊社クロスリバーが5％リーダーにヒアリングする際にも、不機嫌そうな表情をする方はほぼいませんでした。

一方、一般的な管理職は怖い表情をしている方が散見されました。忙しいときに、調査のために時間を費やしたことを不快に思う人がいたのは当然だと思います。ただ、本当に機嫌が悪かった方、機嫌はいいのに不機嫌そうにしている方もいました。

5％リーダーは自然な表情で対応してくれたので、とても質問がしやすかったです。


なぜそのような話しやすい雰囲気を醸し出しているか分析したところ、**口角の上がり方に差があること**がわかりました。こちらが話しやすく、話を親身に聴いてもらっていると思わせてくれた方は、口角が上がっていたのです。

口角の上がり方が心理的安全性にも影響があるのではないかと推測しました。

口角がまっすぐ、つまりフラットな状態だとしっかり聞いてくれている印象を持ち、口角が下がっていると不機嫌そうな感じに見えます。


どれくらい口角が上がっているのがいいのか科学的なデータは入手できませんでしたが、

少なくとも**2㎝**上がっていれば、不機嫌には見えないことがわかりました。

ヒアリングに応じてくれた5%リーダー28人をランダムに抽出し、話を聴いているシーンを確認すると2㎝程度口角が上がっていることに気づきました。**話を聴いているときは2㎝、自分が話すときは3㎝程度**、口角が上がっていたのです。

一般的な管理職の方の動画も20人分閲覧したのですが、口角が上がっていた方は2割でした。

これは仮説ですが、5%リーダーのように**口角を2㎝上げる習慣を持つことで、相手に誤解を与えることは避けられる**と思います。

5%リーダーは勘違いされる表情はせず、相手が話しやすい表情と空気を作って双方向の対話を成立させています。

発声のトレーニングをして、快く音を届けるのと同じように、自然で不快にさせない表情を作ることができれば人間関係もうまくいきます。

内省タイムを定期スケジュールに入れる

やる気や疲れに左右されないよう、内省タイムで心身をコントロールする

5%社員は自然と自分の活動を振り返る習慣を持っていました。

2週間に1回、カレンダーを眺めながら過去の仕事と成果を振り返ります。この振り返り頻度は、一般社員の8倍以上でした。

一方、5%リーダーは、**振り返る時間を確保するために仕組み化**をしていました。手帳やカレンダーにあらかじめ、振り返りの時間、つまり**「内省タイム」**を書き込んでいたのです。日常の業務に忙殺されるリーダーたちは、さまざまな不規則な予定が入って

いってしまい、気がつくと社内会議で埋め尽くされます。

メンバーから気軽に話しかけられることや、ちょっとした休憩をとることを望む5%リーダーは、**バッファータイム**（=空白時間）**をあらかじめ確保**していました。

5%リーダーのグループウェアを調べたところ、**10分から15分刻みのメモ**が一般的な管理職の2・8倍ありました。

それはちょっとした用件や休憩を、会議や移動のすき間に入れていたのです。

ただし、すき間予定をカレンダーに入れてしまうと、メンバーからは1日中スケジュールが埋まっているように見えるので、**「空き時間」**という公開設定にしているのです。

すき間時間で記載されていたのが内省タイム（=リフレクションタイム）です。

水曜日か金曜日の**午後3時あたりに10分から15分ぐらいのリフレクションタイム**を記し、そこでコーヒーを飲んだり、タバコを吸いながら仕事を振り返ったりしていたのです。

それをToDoリストに書き込み、その進捗についても確認していました。

5%社員は無意識にリフレクションをしているのですが、5%リーダーは緻密に計画し、自分の予定に組み込み、リフレクションの結果のメモを残していました。

日常業務の一環としてリフレクションを入れないとその作業自体を忘れてしまうところを悟っているようです。

5%リーダーは、成果を出し続けることが目的なので、なるべく仕組み化して、**自分のやる気や疲れに依存することなく、行動を継続し続ける工夫**をしていました。

それがカレンダーへの書き込みであり、ToDoリストのチェックなのだと思います。

偶然の出会いを必然にする「歩き回り」

チャンスに触れる機会を意図的に増やす

第1章でお伝えしたように、5％リーダーは歩くのが遅いです。

これは相手から話しかけられるように、そして暇なふりを見せるためにゆっくりと歩いているのではないかと思います。

「ちょっといいですか？」と気軽に話しかけられるように隙を作っているわけです。

チャンスは人から運ばれてくることを理解している5％リーダーは、人との接触を拒みません。

もちろんなかには揚げ足を取ろうとする人や、妬む人もいます。

突出した成果を出し、ダントツで評価されている5％リーダーは妬みの的となることもあります。ときには、怪しい人も近づいてくるのですが、だからといって**人との関わりを遮断することはありません。**

まずは人と触れ合って、その上で自分の評価軸を元に付き合いをするかどうかを判断しています。

こうして**人との関わる機会を意図的に増やし、人間関係を広げていくことで偶然のチャンスを引き寄せている**のです。

この傾向は、Ｗｉｔｈコロナでも顕著でした。5％リーダーは偶然の出会いを必然にするために、**デジタルの中**でも歩きまわっています。

コロナ禍でウェブセミナーが一気に増えました。

特に平日の夕方は無料の学習型ウェブセミナーが盛んに開催され、実際に足を運んで参加するのには難しいようなセミナーにも気軽に参加ができるようになりました。

ウェブセミナーの中には製品やサービスを売り込むためのものもありますが、5％リーダーはインプットの場だと割り切って数多くのセミナーに参加していました。そして「ハズレだ」と思うセミナーは**すぐに退席**して時間を無駄にしません。

ときには思っていなかったような収穫を得ることもあります。

3ヶ月以上探し求めた解決策が、たった30分のセミナーで見つけ出すことができたり、3時間かけて読んだ本の本質が深く理解できていなかったが、オンライン読書会に参加することでしっかりと腹落ちできたり、などの体験をしています。

約1・7万人のビジネスパーソンに対してアンケートを取ったところ、オンラインセミナーに参加したことがある方は全体の62％でした。

5％リーダーに特化すれば98％でした。

そしてセミナーに定期的に参加している人は、一般的な管理職が22％に対して、5％リーダーはその3・5倍にあたる77％でした。

5％リーダーはデジタル世界でも活動量を増やし、「偶然の出会い」を引き寄せていたのです。

このように**偶然を必然にする動きが5％リーダーの特徴**です。

テレワークの活かし方

テレワークは業務効率を高め、場所を問わず共同作業ができる点で、大きなメリットをもたらします。

ただ一方で物理的な対面が減少するので、**感情共有**や**心理的安全性**を築きあげることが難しくなっているのも事実です。

今後出勤するときと、テレワークするときを使い分けるハイブリッドワークが浸透していくと思いますが、その中で**人間関係を良好に保ち、過剰な気づかいをなくしながら、スマートに共同作業を進めていくこと**がより重要になっていきます。

5％リーダーはそういった動きを先取りし、出勤していてもテレワークであっても、メンバーとの関係構築を強く心がけていました。

管理職は業務をスムーズに進めるために、人や時間のリソースを再配置する役職であるのですが、テレワークと通勤のハイブリッドワークではその調整が難しくなっていきます。

短期的な目標の達成ではなく、継続して特出した成果を出し続けようとする5％リーダーは、**緊急度は低いが、重要度の高いこと**に時間を再配置しようとします。

特に力を入れているのが**メンバーの育成**です。

キャリアディスカッションと称される、今後のキャリアに関する話し合いは定期的に上司と部下で話し合うことが制度化されている企業が多いです。しかし**形式的なキャリアディスカッションはむしろ、メンバーのモチベーションを下げます。**

そして、この変化の激しい時代に、3年後、5年後の自分を想像することは、決して容易ではありません。

明確な未来の目標を持たないメンバーもいるでしょう。中には、目の前の仕事をこなすだけで、長期的な視点を持てないメンバーもいるでしょう。

そういったメンバーを抱える5%リーダーは、**強制的にキャリアビジョンを構築することをせず、まずは自分のできることや、やりたいことを考えさせることに注力**します。

キャリアディスカッションでは、どういったキャリアになりたいかを答えさせるというよりも、**過去の自分と現状を振り返って、よかった点と悪かった点を内省しながら未来について語り合います。**

たしかに私自身が振り返っても、3年前や5年前に今の自分が想像できていたかというと、そうではありませんでした。

実際にキャリアというものは、計画された通りに行われるというよりも、なにか**偶発的**

なイベントによって生み出されることが多いのではないでしょうか。

私は18人のメンティを抱え、キャリアについてコーチングすることもあり、**キャリアの7割は「偶然の出会い」からくるもの**だと思っています。

例えば、会社の廊下ですれ違った隣の部門のリーダーに突然話しかけられて、雑談したことがその後の人事異動に影響を及ぼしたり、たまたま雑誌で興味を持ったオンラインセミナーに参加してみたら、自分がわくわくするキャリアモデルに出会ったり。

なんとなく書店に足を運んで、目にした本を手にしてみたら、それが、自分の人生を変える座右の一冊になったりなどはよくあることです。

しかし、テレワークによって行動が制限されると、そういった偶然に出くわす機会が少なくなってしまいます。

他部門を巻き込んだり、ちょっとした雑談からビジネスアイディアを汲み取ることが難しくなっています。そこで5%リーダーはメンバーの**「偶然の出会い」を演出**するためにさまざまな工夫をしていました。

1on1ミーティングを上司である自分とだけではなく、**同期入社の友人に依頼**したり、興味深い**オンラインセミナーへ一緒に参加**してみたり。

メンバーからおすすめの本を教えてもらい、その感想を共有した後で、自分からもおすすめの本を紹介して新たな発見を後押しするようなこともしていました。

「偶然の出会い」を増やすために

なかでも**読書の感想を共有し合う読書会**は、クライアント企業でも大きな成果を与えています。

ビジネス書のみならず**時代小説**や、**絵本**というテーマでオンライン読書会を開催し、ちょっとでも興味ある方が任意参加できるような環境を整えたのです。

すると、読書の感想を聞いた人が実際に本を手に取り、自分の仕事の仕方を変えたり、おすすめの絵本を見て、その色彩感覚に刺激を受けて塗り絵にはまってしまった40代の男性など、**偶然の出会いが考えや行動を変える**結果となったのです。

何が起こるかわからないことに時間を費やすことは一見、無駄のようにも見えますが、**種をまかないと芽が出ない**こともたしかです。

ビジネスにしても、キャリアにしても、さまざまなチャンスが転がっていると、5%リーダーは信じています。

ただし、その**チャンスに気づかなければ何の変化も起きません。**

アンテナを高くして、そしてそのアンテナに触れるような機会を提供し続ける5%リーダーは強いチームを作り、意識を高め合いながら、一体感を持って課題を解決する組織を作ろうとしてる理由がよくわかりました。

人からチャンスをもらう

「偶然の出会い」を引き寄せ、自己成長につなげていく

チャンスは空から降ってくるものではなく、人がもたらすものだと5％リーダーは信じています。運がいいとか悪いとかという話ではなく、5％リーダーは**チャンス**（＝機会）**だと捉え、それに多く触れることを心がけています。**

突出した成果を出し続けており社内でも社外でも評価が高いので、慢心しておごり高ぶるような人がいても当然です。

しかし彼らは周りが思っているほど自分の実力が高いと思っていません。

インタビューの中でも、**「運がいい」「恵まれている」**といったポジティブなワードが一

般管理者よりも圧倒的に多く、特に**「人に恵まれている」**という言葉は、一般的な管理職の7・7倍、トップ5％社員の1・8倍も発言されていました。

たしかに自分のことを振り返ると、功績の8割以上が周囲の人がもたらしてくれたチャンスが原点であったと思います。宝くじに当たるとか、晴れ男だとか、そういったことではなく、**「自分の行動を修正してくれるチャンスをくれるのは人」**という実感です。

訪れるチャンスは、すべてがすべて自分のためになるわけではありませんが、**自分の殻にこもって何もしないより、人が与えてくれたチャンスを元に少しだけでも行動を変えるほうが進化できます。**

人生を賭けた大チャレンジをするのではなく、**失敗したら修正できるくらいの規模で、小さな行動変容を重ねていけば、成果が出る**ことを5％リーダーはよく理解しています。5％社員の中には、慢心した気持ちを持っている人が多少いましたし、目標達成やビジネスそのものに関心が高い方が多かったです。

しかし5％リーダーは決定的に**人に対してエネルギーが向けられていました。チャンスは人がもたらす**という大前提を理解しているからこそ、人に対して興味・関心を持ち、それがメンバーに対する興味・関心につながるのです。

こうした**「人がもたらすチャンス」を見逃さないためには、人との接触を遮断しないことが重要**です。

中には悪意を持って近づいてくる人もいるかもしれません。相手の自尊心を傷つけて、相対的に自分が満足することを望む人がいるのも事実です。相手をマウンティングすることで自尊心を維持しようとする人もいます。

しかし、そのリスクをゼロにするために、人との関係をシャットダウンするのは本質的ではありません。

チャンスを与えてくれる人との接点を絶やすことなく、基本的には相手のことを信じ、大火傷しない程度にそのチャンスを自分のものにしたほうが未来の選択肢が増えます。

ビジネスをする上では、変化を好機と捉え、**意識ではなく行動を変えることで自分を成長させ、自己選択権と成長のよろこびを獲得する。**

これが５％リーダーのビジョンです。

これには、私自身も強く賛同しています。

あるクライアント企業から依頼を受けてトップ5％社員の調査を偶然始めて、私の働き方は大きく変わりました。

目標達成に向けたショートカットを目ざし、自分の弱みを見せながら人間関係を構築する5％社員は、私の行動に大きな影響を与えました。

そして今回5％リーダーへのヒアリングや調査をすることで、また新たに行動を変えるチャンスを得ることができました。

- **会議の冒頭2分間の雑談で心理的安全性を築く**
- **ビジネスだけではなくそれに関わる人に関心を持つ**
- **やる気に頼らずに行動を継続する仕組みをつくる**

……など、新しい気づきと発見ばかりです。

人からもたらされる偶然のチャンスを見逃さず、自分の行動に転化することで成果を出し続けた5％リーダーは、このサイクルをメンバーに伝え、なるべく多くのチャンスに触れるようにサポートしているのです。

弱さを出して人脈を広げる

自己開示で人と強い関係を築き、学びの機会を増やす

みなさんが信頼している人を思い浮かべてください。

家族、パートナー、同僚、上司、その人たちはおそらく、自分の弱さを見せてくれている人ではないでしょうか。だから信頼できるのだと思います。


管理職になれるほどの実力者は、プライドが高い人も多いでしょう。または、管理職になってからプライドが高くなる人もいるかもしれません。

プライドもときには必要ですが、チームメンバーと一緒に頑張っていくときには、無駄になることもあります。

プライドの高い管理職は、**チームメンバーを委縮させてしまう**ことがあるからです。**メンバーが委縮していたら、何でも言い合える雰囲気づくりはできない**でしょう。

管理職のプライドは、チームメンバーにとっては、心理的な壁になってしまうのです。

そこで、メンバーとの関係構築に**自己開示**が効果的です。自己開示とは、何の意図もなく自分自身の情報をありのままに伝えることです。

自己開示の効果は、広島大学による心理学の研究でも実証されています。２００４年に発表された論文『自己開示に及ぼす親密さとコミュニケーションメディアの影響』で、**相談するときに腹を割って話すことで人間関係の密度が増す、つまり深い関係が構築される**ことが実証実験を通じて証明されています（引用：広島大学心理学研究〈4〉，77－78）。

個人的な情報以外にも、自分の**「感情」**を相手に伝えるのも自己開示の1つです。**自分の気持ちや考え方**を包み隠さず伝えて、相手が共感や理解を得やすくします。

これは心理学の「好意の返報性」に通じるものがあります。人に何か施しを受けたとき、お返しをしなければいけないという気持ちになることを「返報性の原理」といいます。

先に相手が自己開示したとき、自分も同程度の情報を開示しようと考えるのは、この返報性の原理によるものです。

「返報性の原理」は信頼構築にも適用できます。**相手が素直に腹を割って話せば、自分も腹を割って話したいと思うものです。**

例えば、チームメンバーの働きがいを聞いてみたいと思ったとき、**「あなたの働きがいは何ですか？」**と聞いても12％の人しか答えてくれません。

一方、先に**「自分がどういうときに働きがいを感じたか」という自分の経験を伝え、その上で「このように働きがいを感じたことある？」**と聞くと78％の人が自分の働きがいを答えてくれます。


実際のビジネスでは多くの人を巻き込んで複雑な問題を解決していく必要があり、そのためには良質な人脈が必要です。

最近よく耳にする「デザイン思考」は、「なぜ？」を起点として課題解決策を具現化する手法です。この「デザイン思考」では、エンジニアとビジネス専門家とデザイナーが役割を分担して三位一体で進めます。3種の異質なメンバーが交わることによって、一人では思いつかなかった発想に行きついたり、個々のアイディアを結合させてプロジェクトを進化させていくことが可能になります。プロジェクトメンバーの強み・弱みを理解しているからこそ、責任範囲を明確にすることができ、1つの目標に向かって走り続けることができます。

意識が高く、ビジョンを共有できる社内メンバーや、社外勉強会などで知り合ったビジネスの専門家など、多種多様な人々の中から、

「あなたのためなら」

「あなたと一緒なら」

という人たちとの関係を構築できれば、目的達成のための手段が増えて、問題解決やアイディアの実現に役立つことは間違いありません。

また、そういった人脈を保持できれば、外の変化にも気づきやすくなります。

5%リーダーはこうした巻込力を元に人脈を広げ、課題解決のための選択肢を増やしているのです。

Column

5%リーダーはキーボード音が大きく、マイクに投資する

パソコンで文字入力するとき、トップ5%リーダーは、一般リーダーよりもキーボードを叩く音が大きい傾向にあります。キーボードを打ち続け、最後にエンターをさらに強く叩き、少し微笑む5%リーダーが多かったです。

なぜそのようにキーボードを強く叩くのか。5%リーダー本人たちに聞いても、明確な答えは返ってこなく、無意識で強めにキーボードを打っているようです。

その後の録画データ確認やヒアリングでわかったことは、重要なメールを送るときや資料作成を終えたときなどに、区切りとしてキーボードを強めに押す傾向があることです。

会社でキーボード音が大きいと迷惑をかけることになるでしょう。ただ、5%リーダーは出勤時よりもテレワークのときのほうがキーボードを強く打つ傾向が

あることもわかりました。会社にいるときは、周りに気をつかってさほど強く打っていないようです。

また、オンライン商談でお客様と対話するときも、キーボードを強く打つことをしません。

5%リーダーは「伝わること」を目ざすので、マイクの性能や設置場所に細心の注意を払っていました。ヘッドセットに備わっているマイクの先端が頬やマスク、襟にこすれて、音声にノイズがのらないようにしていました。

5%リーダーはマイクに投資をする傾向があり、一般的な管理職はカメラにこだわることもわかりました。聞き手が不快に思わないように収音力がありノイズが入りにくいマイクを選ぶのが5%リーダーです。一方、見た目や表情を気にして高解像度のカメラに投資するのが一般的な管理職でした。

相手が主役のコミュニケーションを実現するならば、5%リーダーの配慮のほうが正しいでしょう。

もちろん映像をオフにするよりもオンにしたり、きれいに映したりしたほうが喜怒哀楽を表現できるので、相手から信頼を得ることはできます。しかしカメラの解像度や品質を高めても、それが成果に直接影響があるわけではありません。

一方、クリアな音声は成果に影響がありました。

オンライン商談では雑音が入らないほうが、成約率が高いのです。

相手が不快に感じるのは映像ではなく音声ですから、クリアな音声を届けるために高性能なマイクを用意することは理にかなっています。

第5章

トップ5％リーダーのチームを活性化する7つのアクション

アクション1

「意外とよかった」を目ざす

より多くの行動を経験させて、成功体験と共に意識変革をする

トップ5％社員は「**意識変革はできない**」と思っており、それは5％リーダーも同じでした。**意識が変わるのを待っていたら5年も10年もかかる**ので、**先に行動を変えて結果的に意識を変える**というプロセスを5％社員も5％リーダーも理解していました。

ただ、5％リーダーは組織全体の生産性を高めることを考え、自分だけではなくメンバーたちの行動変革を促すことに注力していました。

そこで5％リーダーが工夫していたのは、たとえメンバーが失敗をしても、責めることなく**行動の回数を増やすこと**です。

例えば営業では、**成約率を高めることよりも**、**提案件数を増やすこと**を評価していました。その際、成約率が上がらないことを前提としています。

より多く行動したほうが学びは多く、次の行動に活かせると信じているのです。

失敗と成功、どちらかの判断をするのではなく、**小さい失敗を積み重ねて最終的に大きな成功につなげる**ことを目ざしています。

ＰＤＣＡを何度も回すことで、高速で行動を修正し、最短距離で成功にたどり着くようにしていました。

とはいえ、メンバーは新たな挑戦を躊躇するものです。

そこで**精神的にもハードルの低い、ちょっとした行動をメンバーにやってもらい、１対１の対話で感想を聞き、フィードバックをすることで小さな意識変革を生み出す**ことを目ざしていました。

行動を変えて取り組んだことに達成感を持ち、自信がついたメンバーがいたら、チーム内でポジティブな空気が流れるそうです。

精神的ハードルの低い小さな行動実験で、ちょっとした意識変革を実現できれば、行動を変えることへの心理的なハードルが低くなります。

その後のさらなる行動実験で一歩踏み出す勇気が出てきます。

メンバーが行動を変えて何かを達成したら、必ず「承認」する

16万3000人を対象に、

「あなたが働きがいを感じたのはどういうときでしたか?」

という自由記入式の設問を設けました。

その回答の多くが**「達成」「承認」「自由」**というキーワードに集約されました。

特に**「承認」**の回答が多く、「ありがとうと言われたとき」「顧客に感謝されるとき」「ボーナスが少し多いと感じたとき」……などに承認欲求が満たされる社員が多く、承認を刺激すれば、エネルギーが高まることもわかりました。

小さな行動実験で達成感を得て、リーダーが承認することで働きがいが高まる。

こうして達成と承認を繰り返し、成長していくメンバーには、ご褒美として「(責任と表裏一体の)自由」が与えられる流れを5%リーダーはつくっていたのです。

5%リーダーがこのメカニズムを明確に理解して運用していたわけではありません。

しかし、**ちょっとした達成感を味わうことで、行動障壁が大幅に下がる**ことを72%の5%リーダーが理解していました。

この考え方は、メンバーとの1on1ミーティングで顕著になります。

5％リーダーは、行動から意識を変えさせようとするので、**対話のゴールは、メンバーのエネルギーレベルを上げて、なんとか行動を起こしてもらうこと**です。

アンケート結果でもその違いが明らかになりました。

一般的な管理職に1on1ミーティングの目的を聞くと、**「コミュニケーションをとるため」**という回答が最も多く、**「関係をよくするため」**という回答が第2位でした。

一方5％リーダーは、**「相手の行動を促すため」**という回答が最多でした。

しかし、そう簡単にメンバーを思い通りに動かせるものではありません。5％リーダーは2つの法則で相手の行動を促していることがわかりました。

1つ目は**相手をその気にさせる**こと。

まず**意義・目的、そして相手のベネフィットを伝え、テンションを高める**ようにしていました。そのために、いきなり自分が話すのではなく、テンションが上がるように相手に気持ちよく話してもらい、そこから少しずつ相手のベネフィットを伝え、興味を持たせて

コーチングのステップ

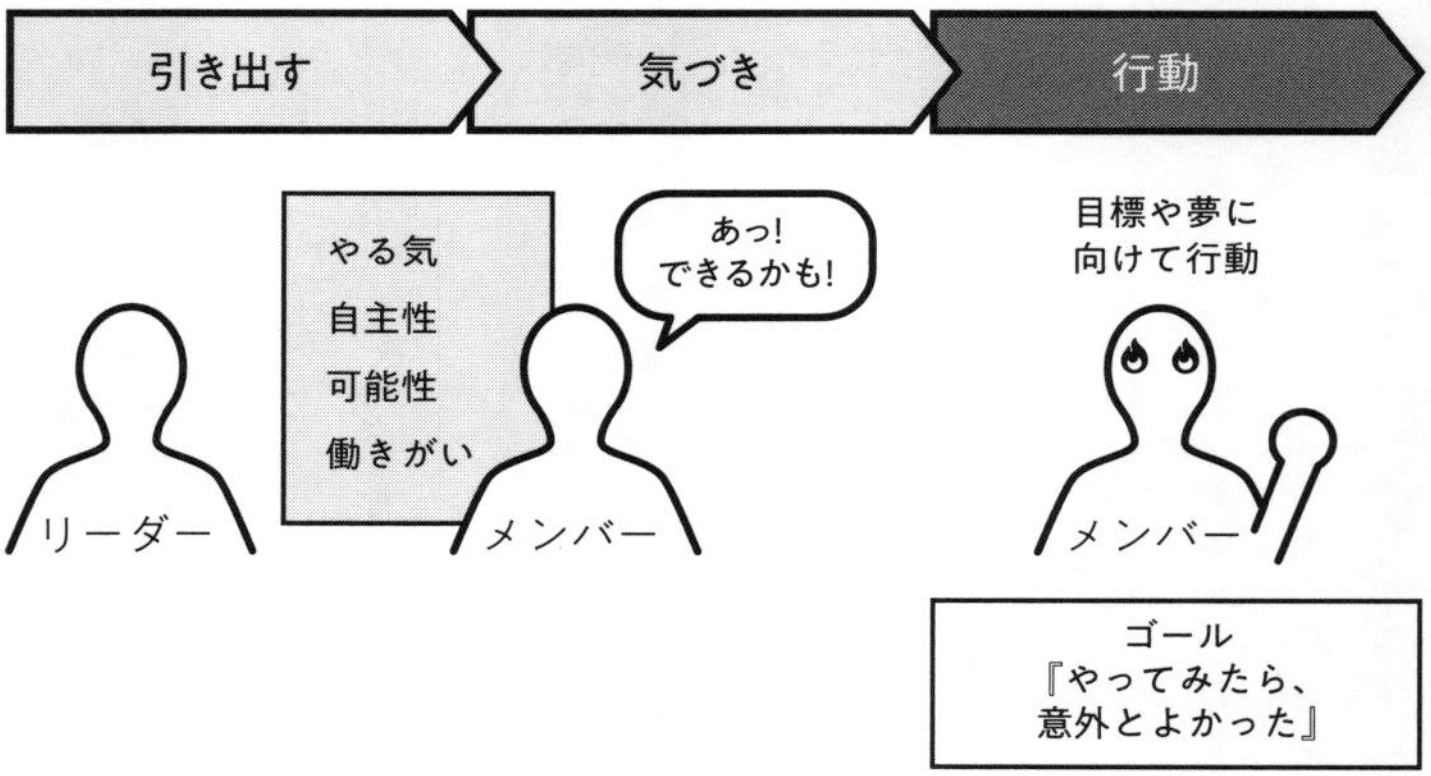

いました。

「これをやらなきゃダメだ」という一方的な指示ではなく、**「これをやったほうがいいかも」**と、ちょっとした気持ちよさで興味をそそるのです。しかしそれでメンバーがすぐに行動を起こすわけではありません。5%リーダーは**最後に背中を押すと同時に、小さな実験を提案**するのです。

例えば、**「来月1回だけ早起きしてみれば?」**というような提案です。

メンバーはテンションが高まっている状態なので、ハードルの低い挑戦であれば「できそう」と思ってくれます。

しかし、5%リーダーはここで満足しません。行動を起こすことではなくて、**行動変容**

を定着させることが目的だからです。そして、必ず振り返りの時間を持ちます。

1on1ミーティングの対話で提案した「小さな実験」を行動したかどうか、カジュアルに聞きます。そのとき、「やった」「やらない」の判断ではなく、**やったときにどのような感情を持ったか**を聞き出そうとしていました。

5％リーダーにヒアリングしたところ、約8割のメンバーが行動を起こした後に**「意外とよかった」**と答えるそうです。

この**「意外とよかった」が、意識が変わったサイン**です。

意識を変えて行動を変えるのではなくて、小さな行動変容の後に「意外とよかった」を生み出し、**挑戦する楽しみを知ってもらう。**これが5％リーダーの行動変容を定着させるメカニズムだったのです。

「こうして行動を変えてから意識を変えるのは、経営陣の巻き込みや社内外のステークホルダーを取り込んでいく際に活用できます」と5％リーダーたちは語っていました。

アクション2

成功の後にWHYを繰り返す

再現性の有無は成功後の行動で決まる

一般的な管理職は、プロジェクトや営業活動で失敗したときに、その原因としてWHO（誰）を探ることがあります。

「あなたがしっかり準備していなかったから、うまくいかなかったのです」とメンバーが上司から言われたら、失敗を避けるようになり、行動が硬直化することがあります。

一方、うまくいったときに「ラッキーだったな！」とか「頑張った甲斐があったな！」と上司から声がけされたら、一瞬は嬉しいです。しかし、メンバーは実力ではなく運であると言われたことに気づいて落ち込んだり、頭で考えずにひたすら頑張ればいいんだと勘違いすることもあります。

失敗しても、成功しても、そのあとの上司の反応でメンバーを喜ばせることも、落胆させることもあります。チームのリーダーとしては、一時的な失敗や成功で一喜一憂するのではなく、成功を生み出す仕組みを作らないといけません。

そこで5％リーダーは**再現性のあるパターン**を作ろうとします。

そのため**失敗したときは反省**し、**成功したときはその原因を探ろうとする**のです。一般的な管理職は成功すると、その達成感に満足し、内省をしていませんでした。

5％リーダーは成功しても手放しでよろこぶのではなく、ほんの少しだけ険しい表情をして、**「なぜ成功したのか」**をじっくり探っていました。

プロジェクトが成功を収めた後に内省をしているのは一般的な管理職が3％であるのに対し、5％リーダーは41％でした。

失敗したときは誰もが反省し、二度と失敗しないよう心に誓うのですが、**行動に差が出るのは「成功した後」**だとわかりました。

5％リーダーは、成功後に、なぜ成功したのか、その原因が発生したのはなぜか……とWHYを繰り返して成功メカニズムを探り、再現性を高めようとしているのです。

アクション3

暇なふりをする

メンバーが「今ちょっといいですか？」と話しかけやすいようにする

私が113名のトップ5％リーダーにヒアリングして衝撃的だったのは、**誰一人として「忙しい」と発言しなかったこと**です。

なかには、トラブル対応のために土日出勤したあとにヒアリングに対応してくれたり、オンラインで世界各地の顧客に対応した直後に今回の調査に協力してくれた方もいました。

時間的に余裕がない方もいたはずなのですが、**「忙しい」という言葉を発することを躊躇**しているように感じました。正直なところ、ヒアリングの時間をとることを明らかに嫌がっている方もいましたが、それでも「忙しいから困る」といったような発言をする人は誰もいなかったのです。

一方、102名の一般的な管理職に対するヒアリングでは、嫌な表情をする方はさほど多くありませんでしたが、人手不足や忙しさを口にする方が6割ほどいました。

5%リーダーの中でもメンバーから話しやすいと評価される方は、独特の間《ま》を持っており、「何でも話していい」という雰囲気があります。

今回のヒアリング調査に関わった弊社のメンバーも、そういった5%リーダーのヒアリングをする際は、ついつい話すのが気持ちよくなって聞くことよりも話すことが多くなってしまうことも多々ありました。

そこで、「話しかけやすい5%リーダー」たちの行動履歴をさらに深掘りしました。

すると、同じ職種の方に比べて業務量は若干多いことがわかりました。配下のメンバーも多く、対応すべき商品ラインナップや顧客数なども決して少なくありません。そして、かなり多くの会議が入っていました。

しかし、**カレンダーは15分刻み**になっており、**こまめにすき間時間があり**ました。

アウトルックやGoogleカレンダーでは初期設定が1時間刻みになっていますが、5%リーダーは初期設定を変えて15分刻みにしている方が多かったです。

もちろんすべての5%リーダーではありませんが、私が確認した5%リーダーの31%が

15分設定にしていました。

15分刻みの設定にしていた5％リーダーに話を伺ってみると、打ち合わせが入らない時間をわざと作り出しているようでした。

ヒアリングでは、「たまたま時間が空いただけ」「会議時間を短くしたいから」といった回答が多く、これは5％社員と同じ傾向でした。しかし、この行為の目的が何かと追求したときに、5％社員との違いが明確になりました。

5％リーダーは自分のためにすき間時間を作っているのではなく、**メンバーから「気軽に話しかけられる時間」**を作っているとことがわかったのです。

自分から積極的に話しかけることよりも、話しかけかけられやすい雰囲気や時間を作るように彼らは工夫していたのです。

たしかにメンバーから見て、予定がきっちり詰まっている上司よりも、すき間時間がある上司のほうが話しかけやすいのは明確です。

5％リーダーは、話すことよりも話しかけられることを重視する人たちです。

だから時間の余裕があることをあえて見せていました。

時間的な余裕を生み出すために会議改革や、資料テンプレートの統一などに取り組んでいることもわかりました。

5%リーダーは、チーム全体の「時間的余裕」を生み出すためにさまざまな工夫をしていたわけです。

こういったことを感じ取るメンバーは必ずいます。

自分たちのために時間の使い方を工夫して、時間と気持ちの余裕を作ることに力を注いでいる上司を見れば、自然と信頼と感謝が高まります。

こうして、実際は忙しくても忙しい素振りを見せず、自ら率先して「すき間時間」を作り出すことで、メンバーから話しかけられやすい間を作っていたのです。

「今ちょっといいですか?」と言い合えるチームメンバーであれば、チームワークがすごくうまくいっています。

事業開発や、企画会議、ブレインストーミング、アイディア出しの会議でも「今ちょっといいですか?」が言えるとアウトプットをしやすくなります。

私は、この4年間で19社17件の事業開発に携わりました。

その17件のうち会議でアイディアが出たのはたった2件。15件は会議が終わった後に、前室や廊下で、他の部門や上司に「今ちょっといいですか？」が起点となっていました。

オンライン会議の後も、しばらく残っていると「今ちょっといいですか？」と声を掛けられることがあります。

出勤でもテレワークでも「今ちょっといいですか？」と言い合える関係性を作ることができれば、チームでの共同作業ははかどります。

お互いに協力し合う文化、過剰な気遣いがなく気軽に会話ができる雰囲気があれば、チームはうまくいきます。

それをお膳立てしていたのが5％リーダーだったのです。

アクション4

いきなり解決策を考えない

「そもそも」から考えて根本的な解決策を見つける

問題を抱えたとき、関係者それぞれが**自分が正しいと思う「モノの見方」**をします。

しかし、その見方が正しくないと問題の本質が見えず、解決に至らないことがあります。

顧客との間に捉え方の違い（ギャップ）があると、問題は解決できないどころか関係が悪化して、取り返しのつかないことになります。

この違いに気づくために、

「相手の視点（注目している点）・視野（見る範囲）・視座（見る立場）は何？」

と自問することで、より広くものごとを見ることができます。

相手のことを慮る相互理解が不可欠です。人はそれぞれの**「視点・視野・視座」**を持っていることを受け入れることで、相互理解ができます。

目の前の課題をとりあえず解決しようとする一般的な管理職は、すぐにどうやって解決しようかと**「HOW（方法）」**を考えます。

しかし表層的な問題を一時的に対処したに過ぎず、**同じ問題が発生**します。

5％リーダーは、課題を本気で解決するために関心や情熱を傾け、問題の本質を見抜こうとします。

そのため、いきなり解決策の「HOW」を考えるのではなく、**「WHY（なぜ）」を掘り下げて根本原因を見つけようとします。**

ロジカルシンキングやデザイン思考でも言われていますが、本質的な問題にたどり着くには原因を掘り下げる必要があります。**「何が問題だったのか」「それはなぜ起きたのか」「なぜ防げなかったのか」**と**「なぜ？」を何度も繰り返していく**ことで根本原因に辿り着くことができます。

そうしたWHYの掘り下げをする過程で、重要な因子（レバレッジポイントやホットボタン）を見つけて解決策を考えたほうが、本質的な解決に至ることを5％リーダーは心得ているのです。

トラブル対応や課題解決のディスカッションをする会議で、５％リーダーの発言をＡＩ分析してわかったのは、**「そもそも」「つまり」「もともと」「さらに」**が多かったことです。

本質的な発生原因を探ろうとしていることがよくわかります。

５％リーダーは、メンバーにもＨＯＷではなく、ＷＨＹを考えるようにコーチし、定期的な１on１ミーティングで、メンバーと一緒に問題の発生原因を考えています。

お互いに内省しながら、どこが問題点だったのか一緒にＷＨＹを掘り下げます。

こうして**思考の質を改善することで、その後の行動の質が改善していく**のです。

メンバーが自分で主体的に考えて動く「自走する組織」を作るには、このＷＨＹの掘り下げプロセスが必須なのです。

アクション5

指示代名詞を避け相手の記憶率を2倍にする

「イメージを共有」するために言葉を使う

「伝える」は自分が主役で、「伝わる」は相手が主役です。

相手に自発的に動いてもらうことを目ざす5％リーダーは「伝わる」を目ざします。

5％リーダは、**視覚を意識して「伝わる工夫」をしています。**

人間は、重要な情報は長く記憶し、重要でない情報は忘れるようになっています。

人間の忘れるしくみを曲線で表した、心理学者のヘルマン・エビングハウスの忘却曲線というものがあります。それによると、このような数字が出ています。

- **20分後には42％を忘れ、58％を保持**
- **1時間後には56％を忘れ、44％を保持**

・１日後には74％を忘れ、26％を保持
・１週間後（７日間後）には77％を忘れ、23％を保持
・１ヶ月後（30日間後）には79％を忘れ、21％を保持

情報に触れても、その情報を何度も繰り返して使わないと忘れてしまいますが、**復習やアウトプットをすれば、記憶の定着率が高まります。**

視覚や聴覚から得た情報は、まず脳の「海馬」に一時的に保存されます。

しかし、その保存期間は２～４週間程度です。情報が海馬にある状態で**3回以上使われる**と、重要な情報とみなされて、側頭葉に移動し長期保管されます。

「情報を使う」とは、**書き出したり、声に出したり何かしらの筋肉を使って発信（アウトプット）すること**です。

第2章でお伝えしたように、５％リーダーは話が短く、要点を突いて話します。

オンライン会議の発言内容の比較でも、５％リーダーは一般的な管理職よりも発言頻度が１・２倍多く、発言時間は０・７倍でした。

対面よりもオンライン会議のほうが発言数が17％ほど減る傾向にある中で、５％リーダーはしっかり発言し、コンパクトにまとめる傾向にあるとわかりました。
しかし、言葉を端折りすぎて相手に伝わらないことを避けたいと考える5％リーダーは、丁寧な言語化と言葉選びに注意を払います。

会議の発言をＡＩで文字起こしし、テキストマイニングという分析手法で解析したところ、5％リーダーは**指示代名詞を使う頻度が極めて低い**ことが判明しました。**「あれ」「これ」「それ」**といった指示代名詞です。

例えばチームメンバーで行う定例会議では、基本的に状況を理解し合っているメンバーが状況共有をするので、どのような話をしているか理解しやすいです。

しかし多くのメンバーを抱えるチームリーダーは、何について話しているかを明確にしないと、メンバーは混乱してしまいます。

指示代名詞を使ったほうが発言時間を短くできますが、5％リーダーは、相手に確実に伝わることを目ざすので、丁寧に表現をしている印象を受けました。

この「伝わる」と「伝える」の差が、一般的な管理職との比較で明確となりました。

一般的な管理職は定例会議でよく話します。雑談が長引いたり、同じことを何度も言ったりするような管理職が多く見受けられましたが、5%リーダーにはそういう方がほとんどいませんでした。

相手を主役にして自分の思いが伝わることを目ざす5%リーダーは、相手に話させることを心がけています。相手に話させてその反応で、自分の発言が相手に伝わったかどうかを判断します。

5%リーダーは相手の反応を敏感に感じとるので、相手が理解してなかったり自分の思いが伝わってなかったりすると、話し方を柔軟に変えていきます。

定例会議でメンバーたちに伝わっていないと感じ取ると、メンバーたちを責めるのではなく自分の説明の仕方を反省しています。

そういった柔軟な調整の結果、指示代名詞を使わなくなったと推察されます。

では指示代名詞が少ない代わりに何を使っているのかAI分析したところ、5%リーダーは**形容詞や副詞を一般的な管理職よりも20%ほど多く使っている**ことがわかりました。

特に、**事象や状況を説明するときに形容詞や副詞を多く使っていた**のです。該当シーンをいくつか録画データで確認したところ、**その情景が浮かんでくるような説明**をしていました。

そして、**自分の頭の中にあるイメージ（画像）と同じものを相手にもイメージさせること**を目ざして言葉を選んでいる方もいました。

つまり、彼らは**言葉という手段を使って同じイメージを伝送し、相手の頭に思い浮かばせることを目ざしていた**のです。

これが「伝わる」という意味であるとわかったときはハッとしました。

脳科学やコミュニケーション技法の論理を調べたところ、伝えたいものは言葉ではなくイメージであり、同じイメージを相手に伝えるために言語や表情などを使って伝達します。そして、相手は言語などを通じて脳の中で聞いた話をイメージ化させていることがわかりました。

そのため**自分の伝えたいイメージが、相手の思い描くイメージとぴったり合っていないと、認識のズレが生まれる**わけです。

5%リーダーはこういった脳科学的な構造までは理解していないはずですが、無意識に同じ**イメージが伝わるような言葉選び**をしているのです。

たしかに、「あれ」「これ」「それ」では何を指しているのか考えるだけで脳が疲れてしまいますし、イメージ化の齟齬も起こりやすいでしょう。

このメカニズムと5％リーダーの発言傾向をもとに、指示代名詞をなるべく使わないというルールを一般社員や一般的な管理職にも実践してもらったところ、対話相手であるメンバーの満足度が上昇傾向となり、伝えた情報の記憶率が2倍以上になったケースもありました。

相手に伝わるように丁寧な言語化をして、同じイメージを想像させるコミュニケーション術は対話だけでなく、資料作成やビジネスチャットにも活用できるでしょう。

アクション6

同情しないで共感する

メンバーと「共感・共創」関係を構築し、一緒に行動し振り返るサイクルをつくる

リーダーとメンバーは上下関係にあるのではありません。リーダーが偉いわけではありません。お互いが協力者であり、適度な相互依存関係があります。

メンバーはリーダーに言われたことだけをやるのではなく、自分で考えて行動し、そこで得た学びをリーダーに戻します。

リーダーもメンバーと一緒に考えて行動し、現場のフィードバックをもらいながら全体の舵取りをします。5%リーダーは周りを見失わないように、常に客観的な視点を持ち続けるためにメンバー含め第3者から定期的にフィードバックをもらうようにしています。

おべっかを使ったり、過剰に気づかいをしたりするわけではなく、お互いの成長を目ざ

共感と同情の違い

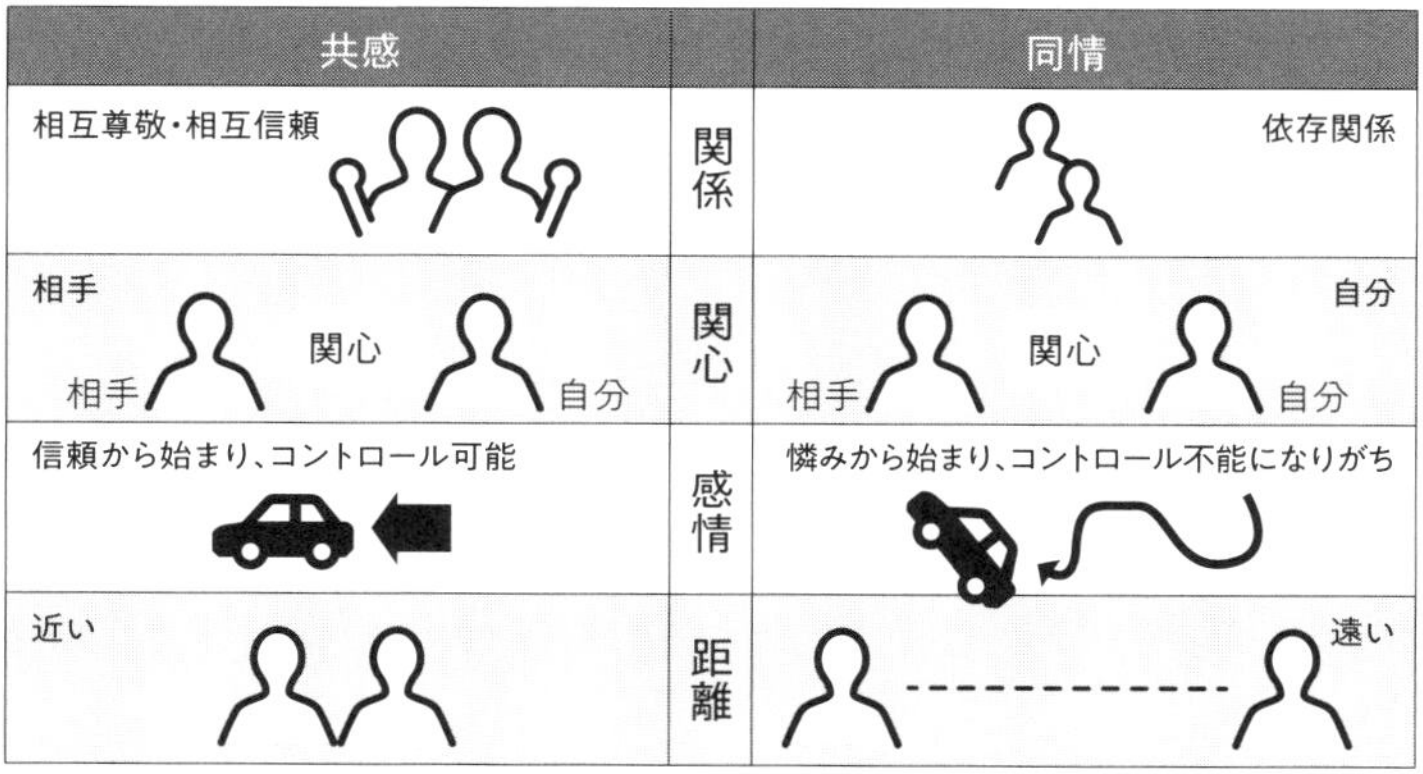

して支え合っている関係性です。

　このフラットな関係の中で「同情」という言葉はありません。

　同情とは、目上の人が目下の人に対して抱く感情で、哀れみを持ち、相手の痛みを想像することです。**同情は哀れみから始まり、感情自体をコントロールすることが難しい状態**でもあります。

　一方**「共感」は、相互に信頼し合い、尊敬の中から生まれる感情の共有**です。

　上下関係や一方の依存関係があるわけではなく、**肩を並べて横に並んでいるバディー（仲間）のような関係**です。

　フラットな関係の中で、相手に対して関心を寄せるのが共感です。同情は相手というよりは自分が持つ関心事であり、自分中心の捉え方と言えるでしょう。

関係性が近い場合は共感し合うことができ、関係性が浅い場合は第三者として傍観的に同情することになります。

そのため、共感は人の関係性を深め、同情は関係を遠ざけると言えます。


メンバーたちはもちろん共感を望み、同情されることを嫌います。


この共感と同情の違いを理解しているのが5％リーダーです。

メンバーとの対話で、相手を憐れむことは決してなく、相手を下に見ることもありません。**雑談・相談（ざっそう）によって信頼関係**を構築し、距離感を縮めてお互いの時間を**共有し合いながら一緒に考え、一緒に行動**しようとします。

リーダー自身も行動するので、メンバーも行動せざるをえなくなります。これは返報性の原理で、相手がやっているから自分もやるという動機づけになるのです。

一緒に行動して一緒に振り返れば、必ず学びがあります。成功したときも学びはあります。**「成功したときこそ学ぶ」**と答えた5％リーダーは、72％もいました。

ＰＤＣＡの中で、どこを一番重視するか5％リーダーに聞くと、最も多かった回答は、「C（チェック）」でした。

ちなみに5％社員や一般的な管理職は「D（実行）」を重視する傾向にありました。たしかにプランはそこそこに切り上げて、行動に移すほうが成果は出しやすいです。しかし、行動すること自体が目的になってしまうと、行動量だけ増えて、質が高まりません。

5％リーダーは、行動の量と質の両方を改善することを求めているので、まず行動して、振り返りを通して行動を修正することまでを目的として考え、質を高めていこうとしているのです。

アクション7

相手のエネルギーを高める「ほめ方」をする

メンバーに対して興味・関心があることを表現する

メンバーとの1on1ミーティングは、**相手のエネルギーを高めること**が目的の1つです。

しかし、何でもかんでもほめればいい、というわけではありません。ときには間違ったことを指摘し、メンバーの成長を促すために厳しいフィードバックをします。

5%リーダーの1on1ミーティングの録画データを確認すると、全体的に**メンバーが多く話せるようにうまく促していました。**メンバーからフィードバックを求められれば、5%リーダーは良い点も悪い点もメンバーに伝わるように話します。

一般的な管理職と大きく異なっていたのが、**ほめるポイント**と**ほめ方**です。

5%リーダーは、**メンバーの能力**や**センス**、行動をほめて、メンバーに対して興味・関心を持っていることを示します。そして、日頃からメンバーによく声をかけ、**ちょっとした進捗や成長を認めてフィードバック**してあげるのです。

自分からメンバーをほめるだけでなく、**チームの同僚同士で励まし合うこと**も促していました。ある製造業の5%リーダー3名は、一般的な管理職よりも2・8倍多くポジティブなフィードバックを与えていました。

また、5%リーダーは第3者を通して相手をほめる**間接承認**をよく使います。

メンバーに直接「いつも親身にサポートしてくれてありがとう。とても助かっているよ」と伝えるのに加えて、第3者を通してほめると、メンバーのよろこびは倍増します。

例えば、「**〇〇さんがあなたのことをとても感謝**していたよ。いつも親身に**メンバーをサポートしてくれてありがとう**」と伝えます。こちらのほうが、嬉しさが増すのです。

その理由は2つ。

1つ目の理由は、第3者の名前が思いがけずに出てくると、**ポジティブ・サプライズ（予想外の喜び）**となるからです。

もう1つのポジティブ・サプライズはリーダーに対してです。

「第3者からのフィードバックを集めてくれたなんて、リーダーはすごいな」

「陰ながら自分のことをしっかり見ていてくれたなんて、嬉しい」

と**自分に対して興味・関心**を持ってくれるリーダーに対して感謝の念を抱くのです。

1on1ミーティングでメンバーと話す際には、事前にそのメンバーのことを考えてください。

「こういうことがあった」というわずかな記憶があるだけでも対話は弾みます。

5%リーダーは、**事前にメンバーの勤務票や成果を見て、体調面や成長を確認**しています。1on1ミーティングも社内会議も、準備で8割決まると言ってよいでしょう。

そして5%リーダーは、フィードバックの仕方も特徴的でした。

相手に改善を求めるフィードバック、つまり**ネガティブなフィードバックは最後に持ってきます。**

はじめに1つ2つ相手の良い点をフィードバックし、**相手が聞き入れる体制**を整えてからネガティブなフィードバックをします。

一般的な管理職は、いきなりダメ出しやネガティブなフィードバックをすることもあります。しかし、**半数以上のメンバーは聞き流すことでそのフィードバックから逃げています。**

心理学者のロイ・バウマイスターは、**「1つのネガティブを打ち消すのには、4つのポジティブが必要」**だと言っています。

トップ5%リーダーは、4つとは言わないまでも、ポジティブなフィードバックを多く、そして先に出すことで、ネガティブなフィードバックを相手が受け止めるように工夫しているのです。

Column

5%リーダーが無意識に活用している3つのバイアス

1：バンドワゴン効果

バンドワゴンという言葉は「行列の一番先頭で楽器を鳴らす車」という意味で、勝ち馬にのるとか、大衆の判断に身をゆだねるとか、時流にのるといった意味で用いられます。大勢の人が選んでいるものに安心感を得て、自分も選びやすくなるという心理効果です。

「弊社の商品は9割の通信会社で採用されています」

「顧客満足度ナンバー1」

というようなアピールで、安心感・安定感をもたせて購買を促すものです。

「売上ナンバー1」や「○○賞受賞！」という宣伝も、バンドワゴン効果のひとつの方法です。

多くの人が選んでいることをアピールすることで、より選ばれやすくなるので、冒頭の会社紹介スライドなどで活用すべき効果です。

2：ザイオンス効果

「ザイオンス効果」とは、繰り返し接すると、その人や物に対する好感が高まるといった心理を指します。

顧客に何度も顔を見せにいって好感を持ってもらうことでビジネスを進めたり、商品の宣伝を何度も行って消費者に好感を持ってもらったり、という活用をします。

しかし、会った瞬間にマイナスの感情を持たれている場合、何度接触しても好感度は上がらないので注意が必要です。第一印象はやはり重要です。

これは人以外のことでも言えます。

相手は最初の10秒でわかりやすい資料かどうかを判断します。

例えば資料は、できる限り少ない文字数（105文字以内）で、少ないカラー数（3色以内）で、重要なことに絞って作ったほうが、相手を疲れさせず好感を持たれます。

3：ハード・トゥー・ゲット

これは、相手を特別扱いすることで好感や信頼を得るテクニックです。特別扱いされると、なんとなく気分がよくなってしまうものです。

例えば、「会員限定セール」のメールをもらうと嬉しくなり、「あなたにしか話せない」と悩み相談をすると信頼を得やすいといったケースです。

提案資料でも、顧客の競合他社との比較を用いたり、「御社だけに」「今月末までに」といった限定感を出すのも効果的です。

5％リーダーは、このようなバイアスを無意識に活用して、人間関係を良好にしたり、相手を動かしたりしています。

これらのバイアス効果を頭の片隅に入れて、行動してみてください。そして、振り返って「意外とよかった」と思ったら続けてください。

行動を変えて気づきを得れば、意識が変わります。意識が変わればさまざまなことにチャレンジできます。

ぜひ、みなさんも行動を変えるちょっとした実験をしてみてください。

第6章

トップ5%リーダーの行動を浸透させる

冒頭2分の雑談で発言者数が1・9倍に

「心理的安全性」があるチームは出勤していてもテレワークをしていても、チーム目標を達成しやすいことは、２０１９年～２０２１年の調査で判明しています。心理的安全性とは、何を話しても自分は安全であるという心理状態です。

過剰な気づかい、忖度《そんたく》は生産性を落とします。

例えば、クライアント企業８２６社で作成されたパワーポイントの資料を調べてみると、作成された資料のうち**23%が上司や顧客に対する過剰な気づかいのため**に作られていました。上司から指示をされていないのに作成されていた資料です。

追跡調査すると、なんとその**忖度資料の約8割が使われていませんでした。**「おそらく必要だろう」「きっと重要だろう」と思って作成した資料の８割は必要なかったのです。

さらに、クライアント企業25社に協力してもらい調査しました。本人を特定しない匿名アンケートで「心理的安全性がある」と答えるメンバーが7割以上いるチームと、「心理的安全性がない」と答えるメンバーが7割以上いるチームで比較しました。

すると、**「心理的安全性がない」チームは、会議時間が長い**ことがわかりました。**各社平均の20～30％も多く打合せが入っている**のです。

また、**会議のための打合せ**が多く入っていました。「定例会議に向けて確認する、会議のための事前打合せ」といった形です。

上司に怒られないように、必要であろう情報を片っ端から集め、多くの人に確認を求めて本番の会議に臨んでいました。

「課長、このような資料を作っていますが、イメージは合っていますか？」と聞くことができないので、さまざまなパターンの資料や、データの用意に時間をかけていたのです。

気づかいをしながらチームミーティングに臨む状態だと、自ら率先して意見や質問をするメンバーはいません。

「発言しないほうが安全である」と考えてしまっているからです。

「心理的安全性」がないと、上司と1on1ミーティングでも、うまくコミュニケーションがとれません。メンバーは怒られないように、ボロを出さないように口数を少なくします。

自分からアイディアを出すことはなく、上司からの指示を待ち構えます。

メンバーが自分から話さないので、上司が一方的に話しまくります。上司の過去の自慢と上司からのダメ出しで時間が過ぎていく最悪の時間です。

これではメンバーが士気を高めて仕事に取り組むことはできません。

雑談でチームの結束を強化

一般的な管理職は、メンバーと信頼関係を構築するのに「ほうれんそう（報告・連絡・相談）」を重視します。隙を見せると馬鹿にされるのではないか、と強気の姿勢をとりマウンティングする管理職もいます。

しかし、上司と部下が上下関係になり、命令型の階層組織になってしまうと、メンバーが自主的に考えて行動する「自走する組織」を作ることはできません。

5％リーダーは、「ほうれんそう（報告・連絡・相談）」よりも、まず**「ざっそう（雑談・相**

談)」を目ざし、メンバーと**雑談・相談**(ざっそう)**し合える関係**を作ろうとします。

5%リーダーは行動が継続するように仕組み化するのが得意です。

そこで、雑談することも仕組み化してしまいます。

情報通信サービスおよび製造業の5%リーダーは、**チームの定例会議で冒頭2~3分の雑談をルール化**していました。

仕事とは関係ない話をして、場を盛り上げるのです。

会議冒頭での雑談は、対面集合型よりもオンライン会議のほうが場を温めることができていました。リーダーが一人で話すのではなく、なるべく多くのメンバーに発言させるようにカジュアルな話題を振っています。

例えば、「お昼って自炊しているの? コンビニで買ってくる派? 私はコンビニの塩おにぎりが好きでね……」と**食に関する話題だと、誰もが話しやすい**ようです。

自分のことも披露するので、**双方向の会話**になります。プロ野球やゲームなどの趣味の会話には参加できないメンバーもいますが、**飲食や天気の話は誰でも参加できます。**

5%リーダーは、雑談をすることが目的なのではなく、**雑談を通じてメンバー同士の共通点を探っているの**です。何か共通点を見出せたら一気に距離感を縮めることができるからです。

会議冒頭の雑談をふる役は、チーム内で順番に回していました。メンバーたちに順番に会話をリードさせ、自ら発言もすることで、**「ファシリテーション力アップ」**と**「メンバーの孤立化防止」**の２つの効果を狙っていました。

雑談ルールを、クライアント企業25社に展開しました。定量的なルールのほうが実行しやすいと考え、**「社内会議の冒頭2分は雑談をする」**ということにしました。

ある流通業のクライアントでは、**雑談で家族の話をしたくない人が24％いた**ので、他のクライアントでも家族の話題は避けるようにしてみました。

比較効果を検証するために、雑談をしない会議もランダムに織り交ぜました。検証前に会議の様子を録画した企業もあるので、ルール適用前後の比較もしました。

２ヶ月にわたるトライアルを行い、以下の結果が出ました。

雑談ありの会議は、雑談なしの会議に比べて、発言数が平均１・７倍多く、発言者数は１・９倍増加。それでも**予定された時間内で会議が終わる確率が45％高かった**のです。

冒頭2分の雑談を入れたにも関わらず、時間内に終わるということは、以前よりも効率的に運営できているということです。

はじめに空気が温まれば発言しやすく、アイディアも出るので、意思決定が進みます。会議後に発言して、改めて議論をすることも減り、腹を割って話せる状態になると、時間効率が高まることもわかりました。

空気を読まずに発言して場を凍らせてしまうケースもありましたが、デメリットよりも、会議の効果・効率が上がるというメリットのほうが大きかったのは事実です。

「冒頭2分」という数字を入れたことで、実践しやすく、多くのクライアント企業で定着・浸透しました。

「雑談をしてください」と依頼するよりも**「最初の2分だけ雑談してください」**のほうが精神的ハードルが下がり、実行に移しやすかったようです。

そして、この効果が口コミで社内で広がると、ルールではなく文化になっていきます。

リフレクションを導入した製造業は残業時間が18％減

リーダーとメンバーの１ｏｎ１ミーティングを導入する企業は多く、８０５社にアンケートをとったところ、57％が定期的な１ｏｎ１をルール化していました。

５％リーダーは１ｏｎ１で自分よりもメンバーに多く話しさせるように心掛けています。それは、**「自分を主語」にして主観的に話してもらうため**です。１ｏｎ１は、メンバーにとっては、止まって考える貴重な振り返りの時間です。

企画書がどうだった、予定通り開発が進んでいるかなどの状況を説明させるのではありません。

- **企画書が通らなかったときに「あなたはどう思ったのか？」**
- **スケジュールから遅れたときに「あなたならどうすべきと思うのか？」**

を話してもらうのです。

その発言を丁寧に聞いて、さらに思考を深めていくのです。

5%リーダーは**「なぜ?」「それはなぜ?」**と問いを繰り返すのは控えています。メンバーに解決策を**詰問**している印象を与えてしまうからです。

そこで、5%リーダーは**メンバーに共感を示して、まずじっくり受け止めます**。メンバーの考えを頭ごなしに否定しません。まずは聞き入れます。いきなり解決策を提示しません。あくまでも、**メンバー自身が気づきを得るための時間**です。メンバーに関心を示して、丁寧に掘り下げていました。質問する際は、YESかNOのクローズクエスチョンではなく、**「どう思うか?」「なぜそう思うのか?」**の**オープンクエスチョン**で、メンバーの考えを深めていきます。

変化が激しい時代は、**「振り返りの時間」**がどれだけ確保できるかが、企業も個人も勝負になります。思考停止して成果と変化に気づかず、進化が止まってしまうからです。

5%リーダーが実践している内省(リフレクション)は、間違いやミスだけにスポットを当てるのではなく、**俯瞰的な視点で振り返って客観的に自分の行動を見つめること**です。客観的な立場のリーダーがメンバーに問いかけることで深く考えさせるのです。

「現状はこうである、それまでに自分はこんな行動をしてきた。例えば、もう少しうまくいく方法はあっただろうか？」と今後より一層の効果をもたらすために、**未来志向**で振り返るのが内省の特徴です。内省をすることにより、新たな発見や気づきがもたらされます。気づくことにより、行動を改善することができます。１ｏｎ１で行動を改善することを確認し、次回の１ｏｎ１でその結果を振り返ります。

つまり、**気づきをもとに仮説を作り、それを検証していくサイクル**が身につくのです。これが**行動変容の仕組み**です。大幅な改善は精神的なハードルが高まり、行動をしない可能性が高くなります。はじめは**小さな一歩（ライト・フットプリント）**によって変化を実感し、その手応えをもとに次の改善につなげていけば行動変容は定着します。

５％リーダーが行っていた「正しい１ｏｎ１」を他の管理職にも展開し、**「1on1における5ルール」**を決めて浸透させました。

①自分が話すのではなく、メンバーに7割話させてしっかり聴く

②「なぜ？」の連続質問は禁止に

③間違いや失敗を指摘するのではなく、その発生原因を一緒に考える

④一緒に内省（リフレクション）し、自分も行動実験を行う
⑤行動実験後は、一緒に内省（リフレクション）する

特に⑤の**リフレクション**で効果が出ました。

自分の仕事のどこに無駄があったか、もっと削れる部分はあるんじゃないか……おそらく「もっとスムーズに進められた仕事」「やらなくてもよかった仕事」「他の人に任せればよかった仕事」が見えてきました。スムーズに進めるべき仕事は、上司や仕事のパートナーに「今ちょっといいですか」と相談していれば、もっとスムーズに進んだかもしれないし、「やらなくてもよかった仕事」は、「できません」と断ればよかったかもしれない。このように内省することで、新たな改善点がいくつも見えてきます。

リフレクションを行った日から、それを少しずつ改善していけばいいのです。

そこで、ある製造業のクライアントに**「毎週金曜午後3時から全員15分のリフレクションを行う」**というルールを決めて、まず3ヶ月試行してみました。

内省した内容の報告義務はなく、**ただカレンダーアプリや手帳に記載されたその週のスケジュールを見るだけ**です。一回のリフレクションで、**1日10分の無駄が発見できれば、**

月に3時間半も時間削減ができます。

この週1回のリフレクションを3ヶ月実施した製造業のクライアントでは、前年同期比で18％もの時間の残業が減りました。この削減した時間のうち、一部はスキルアップの時間に再配置して、特に若手社員の働きがい指数の改善に貢献しました。

管理職自身がリフレクションを行うことで、マネジメントにも新たな変化が生まれました。チーム全体のマネジメントが効率よく行えれば、自然と業務自体も改善が進んでいきます。最終的にはメンバー全員が各自でリフレクションを行うように進めていくことで、チーム全体の力が底上げされます。

保守的な管理職ほど、新たな発見ができたと回答する率が高かったです。

忙しくて週に15分のリフレクション時間を確保できない、という方もいました。

しかし、忙しいときこそリフレクションをして**「やめることを決める」**必要があります。

忙しくても毎週金曜15時に15分だけ先に確保すればよいのです。

2ヶ月続ければ習慣になっています。ぜひ試してみてください。

首で会話する新任リーダーが働きがいを16%アップさせた

前述のように、5%リーダーは相手に話させるのが上手です。

相手の行動を促すために、一方的な伝達ではなく双方向の対話をしようとします。

相手が安心して話せるように雑談や表情で心理的安全性をまず確保し、オープンクエスチョンやクローズドクエスチョンを組み合わせて、相手に考えさせるように質問します。相手の気分が乗ってきたら、さらに多く話させることで相手のテンションを高めることもできます。**「聞いているより話しているほうがエネルギーレベルが上がる」**と総合商社に勤めるトップ5%リーダーが話してくれました。

一方で、部下の一般社員2・9万人を対象に**「話しやすいリーダーの特徴」**を聞いたところ、1位は**「しっかり聴いてくれる姿勢」**、2位は**「普段から頻繁に会話してくれること」**、3位は**「安心感がある、話しやすい間や空気」**など雰囲気に関するものでした。

そこで、1位の「姿勢」と3位の「間や空気」を解明すべく、5%リーダーのオンライン会議もしくは1on1ミーティングの対話の解析を行いました。

217名のリーダーが聴く様子の動画を約500時間ほど入手し、5%リーダーの共通点は何か、その他の管理職との違いは何かを弊社のコンサルタントが確認しました。

すると以下のデータが抽出されました。

・5%リーダーのうなずきは平均12㎝。その他リーダーより33%深くうなずいている
・5%リーダーは1つのうなずきに平均1・1秒かけている。一般的な管理職より1・5倍ゆっくりうなずいている
・5%リーダーが、相手の話にかぶって発言した回数は10分につき0・2回。その回数は一般的な管理職の3分の1以下である

このデータを元に、精密機器メーカーで管理職向けワークショップを年に4回実施しました。1on1ミーティングの頻度を月1回に強制したり、次の3つのルールを日常の対話に取り入れてもらいました。

［うなずきの3つのルール］

①意識して大きくうなずく。

オンラインの対話ではビデオ画像から顔がはみ出すくらいに大きくうなずく
②意図的に普段よりゆっくりうなずく
③相手が話し終わったと思ったら、心の中で「うん」と言ってから話しはじめる

部下から上司へのフィードバック制度も同時に導入しました。

2020年5月から開始し、62%のリーダーに1年を通じて、この3点を考慮して対話を重ねてもらいました。38%のリーダーはワークショップに参加したものの、行動を変えて習慣にすることはできませんでした。

2021年4月に弊社が働きがい調査を行い、この精密機器メーカーは3ポイント働きがい指標が向上。そして、3つのうなずきメソッドを習慣化させた62%のリーダーの組織は平均して6ポイントの向上となっていたのです。直接的なインパクトを測ることはできません。しかし、うなずきメソッドを習慣化させたリーダーの組織すべてで、働きがい指標がポイントアップしていました。さらにうれしいことに、うなずきメソッドを習慣化したリーダーの6割以上が**「メンバーとの対話が楽しくなった」**と答えているのです。

正確な相関関係は導きだせませんでしたが、しっかり聴く姿勢を示し、相手に心地よく話させる雰囲気を出せば、対話をする上でプラスになることは間違いなさそうです。

オンライン会議で「ビデオ・オン」にしてもらう5アクション

２０２０年から２０２１年にかけて、１７８社に対して「伝わるオンラインコミュニケーション術」という講座を提供しました。

その中で最も質問が多かったのが、**「オンライン会議の参加者にビデオをオンにしてもらうにはどうしたらいいですか？」**というものでした。

話し手としては、相手が理解しているかを確認するため表情を見たいもので、会議の主催者は参加者が聞いているかどうかを確認したいです。

「内職して違う仕事をしているのではないか」「ＹｏｕＴｕｂｅでも見ているのでは」といった心配を持つと、会議に集中できません。

相手の喜怒哀楽を確認しながら話したほうが、話し方や話す内容を柔軟に変えることもできます。眉毛や目、そして口角の動きなどを見て相手の喜怒哀楽を判断するので、相手の表情がまったく見えないのは不安になります。

一方参加者は、ビデオをオンにしないほうが気楽です。

髪型やメイクを整える必要がありませんし、自宅の部屋を見られたくない人もいます。

脳科学者の研究によると、自分の顔を出し続けることは脳にストレスがかかるようです。

リモートワークで場所にとらわれずチームメンバーで共同作業を行うには、何でも話し合える「心理的安全性」の確保が必要です。

過剰な気づかいは生産性を落とし、会話不足は無駄な作業や精神疾患といったマイナスのインパクトを生みます。自分が好きなように仕事がしたいというのはわかります。自分が好きな通りにやるということに幸せを感じる人は多くいます。

しかし、この自由には責任がついてきます。

何でも自由にやっていいということではありません。例えばオフィスに出社しているときに、顔を見せたくないからといってお面をかぶって会議に出たら注意されて当然です。

ただ、リーダーとしてメンバーに頭ごなしに「会議中はビデオ・オンにしろ!」と頭ごなしに指示しづらいのもよくわかります。

5%リーダーも、このビデオ・オン問題は悩んでいました。

メンバーをパートナーとして捉えている5%リーダーは、「べき論」でメンバーを詰めることはありません。メンバーのベネフィットを考えながら、うまく変化を促すことができないか考えていました。

5%リーダーの中で、製造業の3名、情報通信業の2名、流通サービス業の2名、観光業の1名が行っていた**参加者のビデオをオンにする行動実験をして、成果が出たもので共通していたパターンがある**ことを知りました。

これらを他のチーム、他のクライアント企業で再現実験しようと考えました。クライアント企業39社と、参加者の精神的なストレスを高めることなく、オンライン会議でビデオをオンにしてもらう再現実験を行いました。

実際に効果があったのは、次の5つのアクションです。

①アジェンダの事前共有

対面式であってもオンラインであっても、会議は**準備で8割**決まります。

会議の**意義・目的**を理解しないと参加者はまさに参加するだけで終わってしまいます。

例えば朝礼や毎週の定例会議では気持ちが入ってない人や、内職をしている人たちであふれます。実際に、オンライン会議で内職している人を調査したところ、41％もの人が会議中に全く関係ない仕事を行っていました。

もちろん同時並行で仕事を進めるマルチタスクは否定されるものではありません。

しかし、ディスカッションに参加しなかったり、聞き返したりすればチーム全体の効率が落ちることになります。

そこで、参加者に自分ごと化させて会議に出席させるには**アジェンダの事前共有が必須**であることがわかりました。会議の**開催24時間前までに**アジェンダを送り、参加者の役割を招集文の中に含めます。会議の目的が、情報共有なのか意思決定なのか、ディスカッションなのかが事前にわかれば参加者も用意ができます。

弊社クロスリバーではクライアント企業のオフィスにある会議室の様子を約8000時間録画しましたが、事前にアジェンダが共有されている会議は、会議室に入ってくるときに背筋が伸びている参加者が多いように感じました。自分事として捉え、会議に臨んでいる様子が伺えました。一方、アジェンダが共有されてない会議は、前かがみでゆらりゆらりと会議室に入り、椅子に座るとすぐにスマートフォンを触る参加者が多かったです。

アジェンダがない会議は、椅子に座ることが目的といっても過言ではありません。集まることが目的の会議は参加者のモチベーションを下げます。管理職がただ単にメンバーの顔色を確認したいだけという定例会議も多数ありました。

これはオンライン会議でもいえます。

再現実験に協力してくれた39社で、アジェンダの事前共有を行った会議と、アジェンダを共有しなかった会議で比較をしてみました。

実験開始から1週間目では、ビデオをオンにする比率が高くなる現象が現れることがありませんでした。ただ、**アジェンダの事前共有を行った会議は、発表者や質問者がビデオ・オンにして待ち構える**というのがありました。アジェンダを事前共有しなかった会議ではそのような現象は見られませんでした。

変化が出てきたのは2週間目の後半あたりから。

定例会議で、アジェンダを事前共有した会議体では徐々にビデオをオンにする人が増えました。誰かがビデオ・オンにしているのが見えると、徐々にビデオをオンにする人が増えました。最終的に全員がビデオをオンにすることはできませんでしたが、**アジェンダを事前共有すれば会議の意義・目的を理解し、参加者が自分ごととして捉えて会議に積極的**

に参加することがわかりました。参加者の積極性がビデオをオンにすることに少なからず影響を与えることもわかりました。

再現実験を行った39社は、今でもすべての社内会議のアジェンダは24時間前に共有することがルール化され、会議時間が**8%以上減少**するという副次的効果が出ました。

②冒頭2分の雑談だけビデオ・オン

すでにお伝えしたように、**社内会議の冒頭2分で雑談**をすると効果と効率が高まります。空気を読んで会話する参加者が多い場合は、なおさら雑談、つまりアイスブレイクが効果を発揮します。

雑談はただ単に仕事とは関係ない話をするのではなく、**参加者同士の共通点を探り合うコミュニケーション術**です。1つでも共通点が見つかれば一気に関係が深まることもありますし、参加者全員が会話に参加できれば一体感も生まれます。

冒頭2分の雑談はクライアント各社でも好評で、社内だけでなく顧客の会話でも取り入れる5%リーダーもいました。

製造業のある5%リーダーは、ビデオをオンにさせるために、

「冒頭2分の雑談だけ、ビデオをオンにして楽しく話しませんか？」

とカジュアルにメンバーへ提案しました。

雑談=楽しいことをメンバーに理解させて、さらに楽しませるためにビデオをオンにしないかという提案です。巧妙なのは、**「会議中ずっとビデオをオンにしないか」**ではなく、**「冒頭2分だけ」**と相手の精神と行動のハードルを下げている点です。

メンバーにとってみれば1時間ずっと自分の顔を出すことに抵抗を示すかもしれませんが、冒頭2分で笑いながら喋ってるときだけであればビデオ・オンにしてもいいのではないかという心理になります。実際、「冒頭2分の雑談だけはビデオ・オン」という呼びかけに**8割の人**が応じたそうです。

冒頭2分の雑談だけビデオをオンにするトライアルを39社で実施したところ、68%の参加者がビデオをオンにしてくれました。**うち33%は雑談後もビデオ・オンにしたままで、**効果は高かったことを証明できました。

相手のベネフィットを伝えて、そして行動と精神のハードルを下げる。

この巻込力の法則は、会議中にビデオをオンにさせることにも功を奏したのです。

③返報性の原理

５％リーダーは自ら腹を割って話し、自分の弱みをさらけ出して、メンバーたちが自由に話せるような環境を整えます。

いきなり「週末どうだった？」と聞くのではなく、**「私は週末にオンラインでサッカー観戦をしたんだけど、あなたは週末どうだった？」**と聞くのです。

クライアント各社の管理職の方にアンケートをとったところ、「最近どう？」「週末どうだった？」といった突然の質問に対してメンバーがしっかりと答えてくれるのは**18％程度**しかいないことがわかりました。

一方、５％リーダーは、先ほどの例のように、自分のことを話した後にどうだったと聞いています。この場合、78％のメンバーがしっかりと回答してくれることがわかりました。

これは「自己開示」＋「返報性の原理」が働いているといえるでしょう。

流通サービス業のトップ５％リーダーは、この返報性の原理を信じて、まず自分がビデオをオンにしてメンバーがビデオをオンにしてくれることを待ちました。

はじめは少し浮いて変な様子だったようですが、呼応してくれるメンバーが徐々に増え、**ビデオ・オンにするメンバーの比率が４割を超えた瞬間に、チーム全員がビデオ・オンにしてくれた**そうです。

全員がビデオ・オンになって感情共有しながらアイディア出しができるようになったら、「メインで話す人と質問する人がビデオをオンにする」といったルールに変えてビデオ・オンの精神的ハードルを徐々に低くしていったそうです。

この「自己開示」＋「返報性」の原理を39社で再現実験しました。

はじめは思うように変化が起きませんでした。しかし、リーダーが女性であったり、15年以上の管理職経験を持ったリーダーが自らビデオをオンにしたときは、それに呼応するメンバーが増えました。**「あの人がビデオをオンにしてるなら」**というような思いを持ったメンバーがいたようです。相手を動かすためには、自分がそれを伝える資格を持っていないと相手に伝わりません。自分がやってないのに相手にやれというのは説得力が低いのです。リーダー自らが率先してビデオ・オンにすれば、それをメンバーに提案する資格は持っていると言えるでしょう。この**伝える資格と相手のベネフィットがうまく重なったときに、相手は行動を起こしてくれるのです。**

「リーダーが腹を割って話してくれたんだから、私も腹を割って話そう」という「返報性の原理」を5％リーダー以外にも水平展開すると、効果が出ることがわかりました。

④詰まったらクローズドクエスチョン

5%リーダーは相手に話をさせるのが上手です。自分が話すことよりも聞くことに重点を置き、相手に話をさせることで相手のテンションを高めようとします。

しかしながら、メンバー全員が饒舌に話してくれるわけではありません。なかには寡黙であまり話すことが上手ではないメンバーもいます。

そういったメンバーにも心を開いて話してもらうために、**質問技法**を使っていました。飲食業のある5%リーダーが行っていたのは、**オープンクエスチョンとクローズドクエスチョンの使い分け**です。

相手があまり話してくれないときは、**「はい or いいえ」で答えられるクローズドクエスチョン**で聞いて徐々に喋ってもらい、相手が話し始めたら、**自由に答えられるオープンクエスチョン**に切り替えて、会話を掘り下げていくという手法をとっていたのです。

こうして相手に話をしてもらうと、ビデオをオンにしてくれるメンバーが増えたと話してくれました。

口数が少ない相手にはクローズドクエスチョンで徐々に口と心を開き、相手の興味・関心に触れる話題になればオープンクエスチョンでさらに掘り下げて相手に話してもらう。

この手法は再現可能だと思いました。39社での再現実験では、オープンクエスチョンとクローズドクエスチョンの使い方を具体的に指示することが難しかったです。

そこですべての管理職に、1on1ミーティングの中で、**話に詰まったらクローズドクエスチョンを使い、話が盛り上がったらオープンクエスチョンで相手に7割話させるよう**にガイドを作りました。定量的な効果は取れなかったものの、このガイドに従った管理職の53%は、「話がスムーズに行くようになった」と答えました。

ただ一方で、「クローズドクエスチョンとオープンクエスチョンの使い分けが難しかった」という回答も34%ありました。

そこで、ガイドを変えて、**「話が詰まったときはクローズドクエスチョンを使う」**と、シンプル化しました。すると、「使い分けが難しかった」という回答は9%まで減り、「会話がスムーズになった」と答える人は51%で、それなりの効果を確認できました。

このガイドラインを2ヶ月継続してもらったところ、1on1ミーティングでビデオをオンにしなかったメンバーがオンにしてくれたという声が多数上がってきました。会話がスムーズに進めば自然と相手がビデオをオンにしてくれることもわかりました。

5%リーダーが自然と身につけている「相手に話をさせる質問技法」は、さらに研究して水平展開していきたいと思います。

⑤88888

約16万人を対象に調査したところ、働きがいは**「承認」「達成」「自由」**を感じとったときに実感することがわかりました。

ありがとうと言われたり、昇格したり、ボーナスをもらったりというのが「承認」。トラブル対応が終わったり、販売目標を超えたり、残業せずに仕事が終わったりというのが「達成」。

やりたかった仕事を自分の好きなようにやることができるのが「自由」。

特に承認されたときに働きがいを感じる方が最も多かったのです。

この「承認」を刺激すれば働きがいを感じやすいということもいえます。

5%リーダーはこのことを自然と理解しているので、「ありがとう!」とメンバーに声をかけるのが一般的な管理職よりも約8倍多かったです。

5%社員も「ありがとう」という声掛けを多く使っていましたが、5%リーダーは何に対してありがとうと言っているかを明確にしていました。

「この前はありがとう」ではなく、「先週水曜の会議資料は助かったよ、ありがとう」というように感謝の対象を具体的に口にしているのです。

これは間違いなく相手が喜びます。

承認欲求を刺激することを意識的に活用している5%リーダーが製造業にいました。彼女は、会議中にいかに参加者のテンションを上げ、働きがいを高めるかということを追求していました。彼女曰く、**「会議こそチームのエネルギー源、会議こそ一体感の醸成の場」**だと。この5%リーダーをインタビューしたのは私でした。圧倒されて、気づいたらメモを取りまくっていました。

彼女は、**メンバーの承認欲求を刺激**して、そしてビデオをオンにすることも試みていました。例えばメンバーが発言してくれたときにはカメラに向けて拍手をしていましたし、メンバーが質問したときは「いいね！」のアイコンをチャットに送っていました。

そして、私が2018年から多くの企業で普及活動していた「88888」も活用して、会議で発言したメンバーをチャットでほめていました。「88888」は**「パチパチパチパチパチ」**、つまり**拍手**を意味しています。

このように、**感情共有ができる雰囲気**を作っていたのです。

そして、彼女のチームは全員がビデオ・オンで会議に参加していたので、他のチームにも展開できるのではないかと思いました。

39社で行った再現実験では、意図的にオンライン会議で「いいね」の絵文字、「８８８８」で承認するようガイドしました。この承認し合う行為は予想以上のスピードで広がりましたが、それがビデオをオンにすることとは直結しませんでした。

しかし、**会議でドライな情報共有からホットな感情共有までできるようになると、会議自体の雰囲気は大きく変わりました。**

仲良しグループを作るのが目的ではないので、ただ単に楽しければいいということではありません。しかしブレインストーミングでアイディアを活発に出すときはポジティブな雰囲気があったほうがアイディアの量が出ます。

雰囲気がよくなれば、ビデオをオンにする人も多いと思いますが、残念ながらそれを科学的に証明することができませんでした。

しかし、組み合わせとして冒頭2分間の雑談をするルールと、「８８８８」などの感情共有を組み合わせると、冒頭2分間の雑談後にビデオをオンにし続ける人は増えました。

雰囲気がよくなったことを定量的に表現することは難しいのですが、リーダーからメンバー、もしくはメンバー同士で承認をし合う輪を広げれば雰囲気がよくなり、ビデオをオンにする精神的なハードルが下がると考えられます。

メリットファースト、ブレイクファイナルで巻込力が3倍に

テクノロジーの進化やテレワークの普及により、個人の作業が捗る一方で、どこにいるかわからない人たちと共同作業を進めるのは困難なこともあります。そこで、5%リーダーの巻込力を活用できるのではと思いました。

チーム内の連携に留まらず、他部門や社外の関係者を巻き込み、共感しながら共に作っていく（共創）を進めるには、コミュニケーションの工夫が必要です。

5%リーダーはチーム内でメンバーの強みと弱みを掛け合わせて、複雑な課題をスピード感を持って解決していきます。

5%社員と比べて、5%リーダーはその巻込力がとても効果的でした。

主語が「私」ではなく、「私たち」という「We」に変わることによって、より巻込力が発揮できることがわかりました。

一般的な管理職に比べて、５％リーダーはまず理想像や、やるべき論などの頭ごなしで指示することはありませんでした。**巻き込むべき相手の懐に入り、相手の気分をよくさせながら望んだ通りの行動を促していた**のです。

５％リーダーの巻込力は、メールやチャットによる社内の依頼文からもその違いが明確でした。どうしても会社として順守しなくてはいけないコンプライアンスや、社内処理の協力を取り付けるときに、特徴的な文章を書いていました。

私自身、８０５社の企業を支援してきて、多くの社内依頼メールを見てきました。会社のビジョンや社長のコメントを引用して、意識変革を促すような社内メッセージや、社内のプラットフォームをメールからチャットに変更するアナウンス文章などです。

かつては「事務連絡」と称する社内文章に重みがあり、それに従うことが当たり前の時代もありました。

しかし階層型の組織は崩れ、現場のメンバーが自分で考えて、自走する組織を構築せざるを得ないこの時代では、実行力が弱まっていることもたしかです。

やらなくてはいけないことをやらせるのは必要ですが、相手に腹落ちをさせて、確実に

こちらが望む行動を行ってもらうことが求められるケースが多くあるでしょう。

一般社員および一般的な管理職の依頼文章はまず、**「やるべき・やって当然」**という前提で書かれていることが多く、それを受け取った相手から**共感されにくい**のです。

相手に**強制的に行動させるパターンの依頼文書では、それに従わない人が多く出てしまうのが現実**です。

例えばこのような依頼文書です。

「業務効率化の為に、経理システムを入れ替えます。ついては今後、経費精算する時は、承認者の名前も全て追加入力してから申請するようにしてください。もし承認者の氏名が記載されていない場合は、経費の振り込みが遅れる可能性がありますのでご理解下さい」

これは、ある精密機器メーカーで実際に展開された依頼文ですが、この指示に従う人は**21%**しかいませんでした。

事態を改善すべく、その上司にあたる経理リーダーが、依頼文を変えるようアドバイスをしました。まずはじめに**「相手のメリットを入れて引き込み、具体的なアクションを説明し、最後にそのアクションをすることの障壁を下げる」**という構造です。

そのアドバイスを受けて、実際に修正した依頼文は次のとおりです。

「経費の支払いオペレーションを自動化するために、今後経費精算には承認者の氏名を入力してください。承認者の氏名は、このリンクをクリックしていただけると、すぐに確認ができます」

この依頼文に変えたところ、同じ精密機器メーカーでは、指示通りにアクションを起こしてくれた人が**78％**に増えました。冒頭で相手のメリットを入れてその気にさせて自分ごと化し、具体的なアクションを指示して、最後に行動障壁を下げるというパターンが多くの人を動かしたのです。

ちなみに、この経理部門の管理職は、その企業の人事評価トップ5％のリーダーでした。

こういった巻込力をもったメッセージは他でも真似ができます。

「冒頭に相手のメリット、具体的なアクション、最後に行動ハードルを下げる」

この3つの構造を他のクライアント企業でも展開したところ、その指示に従う人は確実に増えていきました。

この構造は顧客への提案にも使えます。冒頭で長々と自分の肩書を説明する自己紹介文は、相手にとって何のインパクトも与えません。しかし、冒頭で提案内容とそれによって顧客に与えられるメリットを明確にすれば、相手は確実に聞いてくれます。提案内容に共感し、行動を起こすハードルが下がれば、思い通りに行動を起こしてくれる確率が高まることが１５６０名の営業担当による行動実験で立証されました。

各社の５％リーダーも、自己紹介で長い肩書を説明しなかったり、相手のメリットを冒頭で伝えてから説明したりしています。

５％リーダーに共通する行動は、他の人や企業でもプラスの変化をもたらすことが判明しています。

「5つのNG」を展開したら対話頻度が20%アップ

さまざまな行動実験を行った結果、**失敗確率を下げる戦略をとったほうが成功に近づく**ことがわかりました。各クライアント企業や各チームごとに環境や条件が違いますから、**成功テンプレートをそのまま真似しても同じ成果は出にくい**のです。

ただし、失敗パターンを理解すれば、失敗の発生率を抑えることができます。

5%リーダーも、他社の成功例を鵜呑みにするのではなく、失敗が発生した原因を追求し突き止め、その地雷を踏まないように心がけています。

例えば、**相手に誤解を与えるコミュニケーション**は避けることができます。自分が思っているのと違う捉え方をされたり、ちょっとした一言で相手を不快にさせるのは避けたいものです。そこで5%リーダーは、**ダ行から話し始めない**ことや、**1on1ミーティングで「よろしくお願いします」から始めない**ことなどを自分でルール化していました。

こうしたことを組織に広めることができないか、39社のクライアントに協力してもらい行動実験をしました。5%リーダーが心がけている以下5つのNGワード（使ってはいけない言葉）を使わないルールを1ヶ月徹底してみました。

具体的に課したのは、以下の「5つのNG」です。

1.「最近どう？」というカジュアルな声掛け
2.「最近忙しい？」という他人事のような声掛け
3.「だらだらやってない？」という性悪説の声掛け
4.（ダ行からはじまる）「だけど、でも、どうしても、どうも」から話し始めること
5.テレワーク中に「あれ、これ、それ」と指示名詞を多用すること

NGワードを使わなくなって定量的な成果は測れませんでした。しかし2週間経って変化が出たのは、1on1ミーティングの実施率が+20%ほど改善されたことです。私も前職のマイクロソフトで2週間に1回メンバーと1on1ミーティングをすることがルール化されていました。しかし、気まずさや恥ずかしさもあって、メンバーと1on1が思うように実施できない管理職も多かったように思います。

月に1回や2週間に1回ほどの1on1ミーティングをルール化してもその達成度は

6割から7割程度です。

今回の再現実験に参加した39社のうち19社のチーム受講者が、1on1ミーティングを月1回以上行うことをルール化していました。

実施率は平均で70%ほどでした。

しかし、**「5つのNG」を浸透させたことで、この実施率が80%前後**となったのです。

他の原因で増えた可能性もありますが、**「(NGアクションを明確にしてから)メンバーと話しやすくなった」**と答える管理職は61%でしたので、コミュニケーションを円滑にすることに対してプラスに働いていることは間違いありません。

コミュニケーションの頻度が増えれば、腹を割って話せるようになり、関係性を高めることができます。

弊社クロスリバーでは、毎年業務委託を受けたクライアント企業の働きがいを調査しています。過去4年間で347社以上に提供し、その経過を追ってきました。

1on1ミーティングなどでコミュニケーション頻度が増えたチームのメンバーは働きがいが増えています。

部下が最も嫌がる声掛け

2.9万人の部下に聞いた「最も嫌な質問トップ3」

第1位
「最近、どう？」
部下の意見
「適当な感じ」、「私に関心を持っていない感じがする」

第2位
「最近、忙しい？」
部下の意見
「勤務表見ればわかるでしょ」、「忙しいとは言いづらい」

第3位
「だらだらやってない？」
部下の意見
「否定から入らないでほしい」、「決めつけないで」

クロスリバー調べ（2017年5月～2020年12月）

今回の再現調査でわかったことは、メンバーがモチベーションを下げるNGアクションがわかれば、対話しやすくなり、コミュニケーション頻度が増える傾向にあることです。

直接的な因果関係はわからなかったものの、結果を見るとコミュニケーション頻度が高いチームは、働きがい指数が高くなる傾向にあります。NGアクションがわかれば、働きがいを高められる可能性があると言えるのではないでしょうか。

さらに働きがいを感じる社員は業務効率が他の社員に比べて、45%高いことがわかっています。

働きがいを持っている営業担当は、そうでない人よりも目標を達成する確率が1.9倍高い

こともわかっています。

つまり、働きがいは生産性向上と関わりが深いということが言えると思います。

このことから、多少強引ではありますが、NGワードがわかれば業務効率を高められる可能性があると言えるのではないでしょうか。

少なくとも、**コミュニケーション頻度を増やすことでマイナスになった調査結果は1つもありません**でした。

5%リーダーが会話を増やす取り組みは生産性向上につながり、会話を増やすために5%リーダーが実践していた「5つのNG」を浸透させれば、一般的な管理職もメンバーとコミュニケーションがとりやすくなることがわかりました。

2人組で有給取得率が1・3倍に

毎年上がっていくチーム目標を達成し続けるには、一個人の力に頼るのは危険です。

突出した成果を出すエース級メンバーがチームにいれば助かるのは間違いありません。しかし、そのメンバーが部署異動したり、ライバル会社へ転職したりすれば、大きな穴が開くことになります。

エース級メンバーに頼っていると、損失は大きくその穴を埋めるのに時間がかかります。**5%リーダーは、あらゆる依存度を下げようとします。**何かに大きく頼ることはリスクが大きいと考えているのです。

人材の層を厚くするために、次のエースを育成したり、ジュニアのメンバーを徹底して教育して底上げをしたり、全体最適化が図れるようにグランドデザインをします。

エース級メンバーは放っておいても成果を出すので、彼らの力を使ってチーム力を2倍3倍にするには**同じチーム内のメンバーとペアを組ませて効果を倍増**させています。

エース級メンバーの持つスキルやナレッジを水平展開することもできます。**1人ではなく2人の体制になっていれば、突然の休暇や不測のトラブルに対して迅速に対応できるようになります**。つまり、**チームとしてカバーができるようになります**。5％リーダーは、こうしてペアを組んで仕事を進めることを促します。

完全な二人三脚ではありませんが、お互いの仕事内容や進捗などを理解しておき、とっさの時にサポートができるようにしておくのです。このペア体制を組めば、未熟なメンバーが先輩からナレッジやスキルを盗むこともできます。

このペア制度によって、大きな変化を生んだのは**有給休暇の消化率**でした。**ペアを組んでそれぞれを補完できる関係性にあれば、一方が休んでももう一方がカバーできます。**

特に効果があったのは**エース級の社員の休暇取得率が大幅に改善したこと**です。以前は、エースメンバーに頼るがために負荷がかかり、精神疾患等の長期休暇に入ってしまうようなこともありました。また、休暇がとれないと精神的にも余裕がなくなりイライラして他のメンバーに当たったりするようなこともあったそうです。

仕事とプライベートのバランスがとれれば、落ち着いて仕事に取り組め、ちょっとしたストレスでライバル会社に転職するといった短絡的な考えを持つ人も少なくなります。

実際に、**有給休暇の取得率と離職率の関係は反比例**でした。**辞めさせたくないエース級メンバーにしっかり休暇を取得させれば、転職を避ける効果もありました。**

このようにペア体制を組むことにより、個人に依存するリスクは低減し、休暇を取得しやすくなることで働く活力につながることがわかりました。ワークライフバランスを確保できれば、精神疾患や突然の退職といったリスクを低減させることができるのです。

再現性を重視する5％リーダーは、チーム内でポリシーを作ります。**具体的な行動ルールではなく、成果を出し続けて、メンバーが働きがいを感じるチームを作るためのポリシー**です。サービス業の中堅企業に所属するトップ5％セールスリーダーは**「顧客志向の提案をするために各自が創意工夫をする」**というチームポリシーを作りました。するとメンバーたちが自発的に動き、顧客の状況を理解するために決算情報や中期計画を調べたり、競合他社の状況を調べたりしました。

結果的にそのチームは社長表彰を受賞。そのポリシーは他の部門にも広がりました。

ルールがないと動かない組織は好ましくありません。

ポリシーを決めてメンバーが**自然と行動**するようにしないといけないのです。この**ポリ**

シーとは、行動の基礎となるものです。これがしっかりしていないといくら素晴らしいルールを作っても、それが浸透はしません。流通業のクライアント企業では、マーケティング部門の5％リーダーが市場調査のポリシーを作成しました。企画書を作成する際に顧客に25のチェックリストをカバーしていれば社内稟議を取りやすいというものです。

これは短期的には成果が出ませんでしたが、結果を元にこのポリシーをブラッシュアップしていったところ、部門全体の稟議通過率は高くなっていきました。**新人であってもこのルールを順守すれば、ある程度の成果を出せる**ようになったのです。

チームポリシーは組織の根幹であり、自立したメンバー、組織を作る上での原点です。

メンバーがこのポリシーを理解して行動することで、同じ方向を向いて自ら考え、自発的に動く組織になっていきます。

こうしたチームポリシーを持っている組織は、39社の中で59チームありました。そのチームはポリシーを決めていない部署よりも、目標達成率は1.2倍ほど高く、また働きがいも＋18ポイント（100点満点）高かったことから、ポリシーの重要さがわかります。**「個人に依存せずチーム全体の総合力を上げる」**というチームポリシーが、２人組のペア制度を生み、チーム目標の達成とメンバーの働きがい向上を両立させたのです。

Column

5%リーダーが仕切るすごい会議

このような会議を経験したことはありませんか？

一番偉い人から「何かいいアイディアを出せ！」と言われて、会議室がシーンとなったこと。そのあと、勇気を出して発言しても否定されてしまうケース。

「インスタで拡散して集客すればよいと思います！」と若手のメンバーがアイディアを出し、「そんなの、競合他社がやっているから意味がない」とリーダーがダメ出し。「では、既存の顧客にメールで招待するのはどうでしょうか」と他のメンバーが勇気を出してアイディアを出したのに、「それは前回やったから無理」と間髪入れずにリーダー上司が返す…。だんだんと発言数が減り、アイディアが採用されることもないので、次の会議に持ち越されるといったパターンです。

このような進め方では、アイディアを出す人はいなくなります。

弊社ではクライアント企業の会議を総計８０００時間以上記録して分析してい

ます。成果が出ていないチームの管理職は、このようなアイディア出し会議をしがちであることが分析結果からわかっています。

では、どうすればいいのでしょうか。それは会議の種別とファシリテーション（仕切り方）を理解することで解決できます。会議の種別は、「情報共有」「アイディア出し」「意思決定」の3つの目的に集約できます。

先ほどのような、アイディアの否定が繰り返される会議は、「アイディア出し」と「意思決定」の会議が同時に行われてしまい成果が出ないのです。

この問題を解決するのはシンプルです。

「アイディア出し」と「意思決定」の会議を分けるだけです。こうすれば、アイディアの量が増え、会議時間自体も11％節約することができます。

「アイディア出し」会議は、アイディアの量にこだわります。「何かいいアイディアを出せ！」ではなく、「何でもいいからアイディアを出してみよう」と問いかけ、最初に「くだらない意見」を取り上げるのです。

そして最初の意見に対して称賛や歓迎のコメントをすれば、参加者は「そんなアイディアでもいいのか」と思い、次々にアイディアが出るようになります。

アイディアがたくさん出れば、意思決定のための材料が揃うので、結果としてアウトプットも出るわけです。この一連の仕切りをするのがファシリテーターで、リーダー自らが行うのではなく、将来のリーダー候補に指名したり、毎回ローテーションすることでチーム力を高めることもできます。

そして「意思決定」の会議で重要なのは、決定すべき人が必ず参加し、必要最低限の人数で開催することです。

まず会議の冒頭で決め方を決めて、進めていくことで結論が出ます。

多数決なのか、投資対効果で決めるのか、実現可能性を優先すべきなのか、それとも最も上級職の人が決めるべきなのか…といったことをはじめに決めてから「意思決定会議」を進めます。このように進めれば結論が出ます。

リーダーとして求められるのは、不必要な会議を減らすこと。椅子に座っていることが目的の会議は一掃させてください。

その上で、「意思決定」と「アイディア出し」の会議を同時に行わないこと。「アイディア出し」の会議では、我慢して口を挟まず、どんな意見でも受け入れる姿勢でいてください。その上で「意思決定」会議で、評価軸を明確にしてから結果を出す、これが5％リーダーが取り仕切る「成功する会議」です。

おわりに

ＡＩの強みは、膨大なデータを瞬時に解析すること、そして人間が見つけ出せないインサイトを教えてくれることです。

ＡＩの高速処理を使っているからこそ、我々クロスリバーは私も含めて全員が週休３日を継続できています。人事のスペシャリストが発見できなかったトップ５％リーダーの特徴を、ＡＩが教えてくれました。

この調査をするまでは、幹部候補生であり社外からの評価も高い各社のリーダーは、交渉力がありメンバーを力強く引っ張っていくイメージを持っていました。

しかし、実際は「やる気をあてにしないで行動継続の仕組み」を地道に作っていたり、「根回しを構造化」してチーム戦で巻込力を発揮していたり、気弱であるがために人脈を構築できていたり……と意外な特徴があるということをＡＩが教えてくれたのです。

2020年からコロナ禍で世の中が混乱し、ワクチンができたと思ったら変異株が続々と確認されて完全解決が見えない状況です（2021年7月現在）。

こうした状況に対して、しなやかに自分が変わっていくには行動の選択肢を増やしていくしかありません。どこでも、誰とでも仕事ができ、複雑な課題もチームで解決していくための実現手段をたくさん用意しないといけません。その多様な手段を自分のものにするには、行動実験の積み重ねで「型」を作っていくしかありません。

各社のトップ5％リーダーは、偶然にも行動実験をしていて、必然的に成果を出し続けていました。そして、5％リーダーの行動習慣を他の人に展開したところ、想定よりも高い効果が現れています。

「テレワークだとうまく管理ができない」「コロナで慌ただしい中で成果を出すのは難しい」など、できない口実や愚痴ばかりを言う管理職が増えています。

たしかにこんな大きな変化がやってくるとは誰も思いませんでしたが、変化に対応できず苦しんでいる上司を見て、メンバーはどう思うでしょうか。

「自分がしっかりと支えなきゃいけない」と立ち上がるメンバーがいたらラッキーです。

「上司は優秀でないと」「上司がダメだとダメな部下が育つ」と言われることもあります。しかし、それは結果論であって、たまたま優秀なメンバーがいたからでしょう。

成果を出し続ける5％リーダーは、弱音は吐きますが、他責にはしません。アウト・オブ・コントロール（自分では制御できない）なことに不平不満を言っても、それはエネルギーの浪費だからです。

そんな姿をメンバーに見せると、同調してモチベーションが下がってしまいます。

5％リーダーは、インナー・サークル志向です。変わりゆく外部環境の中で、自分がコントロールできるインナー・サークルの中で何をすべきかを考え、すぐに実行します。

優秀なメンバーがたまたま出てくることを待つのではなく、出てくるような仕組みを整えるのです。

5％リーダーは自らがもたらした結果すべてが実力だとは思っていません。

「運がいい」と言っていた5％リーダーが一般の管理職よりも4・3倍多かったのは、運と実力の差をわきまえている、とも言えるでしょう。コントロールできないアウト・オブ・コントロールの領域では、ラッキーなことも逆風も起きるでしょう。

5％リーダーは、逆風にあったときのマイナスのインパクトがないように、しっかりと備えをしているのです。チーム内でペアを組み、一方が何かあったときに、もう一方が支える仕組みを作っています。

エース人材のやり方を水平展開できるようにチームポリシーがあり、新人社員はそれを真似すればある程度の成果を出せるようになっています。パフォーマンスを出せないメンバーには得意なところを伸ばして、他のメンバーの補完ができるようにします。

このように、メンバーの強みと弱みを理解し、その掛け合わせでチームの成果を最大化するのです。

やる気があるかないか、ラッキーなことが起きるかどうか、優秀な人材が入ってくるかどうか、といった不確定要素に賭けをしないのです。やる気がなくても行動を継続する仕組みを作り、偶然の発見を必然にする情報収集をしたり、一個人の能力に大きく依存したりする体制は組みません。

こうした変化に心をしなやかに生き抜く5%リーダーは、レジリエンスな人材といえます。バネのようにしなやかに伸び縮みすることで変化に対応し、仮に何か失敗したとしても元に戻ります。相手に応じてコミュニケーションを変えたり、相手を観察して伝わるコミュニケーションを心がけたり、伝達することではなく行動させることを目ざす人材がレジリエンスな人材です。

5%リーダーが自然と行っているレジリエンスな行動は、ある程度の共通点があり、他の人にも再現できることが今回の実験でわかりました。

すべてが再現できるわけではありませんが、少なくとも1から始めるよりも彼らの真似をするほうがよっぽど効率的で、成果へのショートカットができます。

新たな行動をするときには、必ずデメリットが伴います。

しかしそのデメリットだけを見ていたら何もできません。変化の中で生き抜くには、デメリットよりもメリットが上回っていれば行動を起こすべきです。

5%リーダーも同じ行動ポリシーを持っています。彼らは成功確率が高いというより、成功するまで小さな失敗を積み重ねるというほうが正しい表現でしょう。成功確率を一気に上げることはできませんから、失敗確率を下げながら、振り返りによって行動を修正し、成功するまで行動を継続していくのです。

読者の皆さんも、会議や資料作成、データチェックや週報作成に時間を費やしているでしょう。企業に正社員として勤めていたら安定という妄想に向かって、ひたすら目の前の仕事をこなしている人もいるでしょう。

私にとって働くというのは、最も社会に貢献できる活動だと信じています。

悩みを持つ多くのビジネスパーソンを勇気づけて、成果を残すための最短距離の仕事術を伝えることで、多くの人をラクにしたいと思っています。

ビジネスパーソンに、少しでも多くの働きがいと幸せを提供できればうれしいです。


これからも変化は続きます。

さらに速く、そして多く行動実験をしていかないといけません。その際に本書で紹介している5％リーダーの行動実験の結果を参考にしてみてください。

少なくとも失敗確率は下げることができます。読者の皆さんが行動の選択肢を増やすためのショートカットがこの書籍の存在意義です。

行動のコツとヒントはご理解いただけたでしょう。会議冒頭2分の雑談やオンライン参加者のビデオをオンにする施策など、今日から試せることもたくさんあります。


この本の目的は知ることではなく、できるようになることです。

偶然手にしていただいたこの本をきっかけに、外部の変化に負けず成果を出し続けることを必然にしてください。

偶然の出会いを必然にするのは、あなたの行動のみです。

さあアウトプットして変化を起こしましょう。

ストレスに囲まれるときもありますが、読者のみなさんの感想やフィードバック、そしてSNSでのコメントが私の大きな働きがいとなっています。

みなさんからいただいた働きがいを基に、引き続き調査と行動実験を継続して、みなさんの幸福度を上げていきたいと思います。

行動なくして変化なし
変化なくして幸福なし

読後に行動に移す読者のみなさんに向けてエールを送り、最後の言葉としたいと思います。

2021年7月

越川慎司《こしかわしんじ》

AI分析でわかったトップ5%リーダーの習慣

発行日　2021年 8月25日　第1刷
2021年12月13日　第4刷

Author　越川慎司

Book Designer　krran 西垂水敦・松山千尋（カバーデザイン）
小林祐司（本文デザイン＋DTP）

Publication　株式会社ディスカヴァー・トゥエンティワン
〒102-0093　東京都千代田区平河町2-16-1 平河町森タワー11F
TEL　03-3237-8321（代表）03-3237-8345（営業）／FAX　03-3237-8323
https://d21.co.jp/

Publisher　谷口奈緒美

Editor　千葉正幸　志摩麻衣

Store Sales Company
安永智洋　伊東佑真　榊原僚　佐藤昌幸　古矢薫　青木翔平　青木涼馬　井筒浩　小田木もも
越智佳南子　小山怜那　川本寛子　佐竹祐哉　佐藤淳基　佐々木玲奈　副島杏南　高橋雛乃
滝口景太郎　竹内大貴　辰巳佳衣　津野主揮　野村美空　羽地夕夏　廣内悠理　松ノ下直輝
宮田有利子　山中麻吏　井澤徳子　石橋佐知子　伊藤香　葛目美枝子　鈴木洋子　畑野衣見
藤井かおり　藤井多穂子　町田加奈子

EPublishing Company
三輪真也　小田孝文　飯田智樹　川島理　中島俊平　松原史与志　磯部隆　大崎双葉　岡本雄太郎
越野志絵良　斎藤悠人　庄司知世　中西花　西川なつか　野﨑竜海　野中保奈美　三角真穂
八木眸　高原未来子　中澤泰宏　伊藤由美　俵敬子

Product Company
大山聡子　大竹朝子　小関勝則　千葉正幸　原典宏　藤田浩芳　榎本明日香　倉田華　志摩麻衣
舘瑞恵　橋本莉奈　牧野類　三谷祐一　元木優子　安永姫菜　渡辺基志　小石亜季

Business Solution Company
蛯原昇　早水真吾　志摩晃司　野村美紀　林秀樹　南健一　村尾純司

Corporate Design Group
森谷真一　大星多聞　堀部直人　井上竜之介　王廳　奥田千晶　佐藤サラ圭　杉田彰子
田中亜紀　福永友紀　山田諭志　池田望　石光まゆ子　齋藤朋子　福田章平　丸山香織
宮崎陽子　阿知波淳平　伊藤花笑　伊藤沙恵　岩城萌花　岩淵瞭　内堀瑞穂　遠藤文香
オウユイ　大野真里菜　大場美範　小田日和　加藤沙葵　金子瑞実　河北美汐　吉川由莉
菊地美恵　工藤奈津子　黒野有花　小林雅治　坂上めぐみ　佐瀬遥香　鈴木あさひ　関紗也乃
高田彩菜　瀧山響子　田澤愛実　田中真悠　田山礼真　玉井里奈　鶴岡蒼也　道玄萌　富永啓
中島魁星　永田健太　夏山千穂　原千晶　平池輝　日吉理咲　星明里　峯岸美有　森脇隆登

Proofreader　小宮雄介

Printing　大日本印刷株式会社

ISBN978-4-7993-2776-0